네 형제가 어디 있느냐?

네 형제가 어디 있느냐?

옮긴이 | 오민환
발행인 | 김병상
발행처 | 도서출판 빛두레
등록일 | 1993년 8월 31일 **등록번호** | 제2-1603호
주　소 | (110-809)서울 종로구 대학로12길 53(동숭동)
전　화 | (02)3672-0254
팩　스 | (02)3672-0255
이메일 | gaudium95@hanmail.net
표지디자인 | 고영은
편집·인쇄 | 삼토피아솔루션 ☎(02)742-9600
ISBN | 978-89-91384-07-1 03230

초판 1쇄 발행 2014년 3월 19일
초판 2쇄 발행 2014년 4월 1일
초판 3쇄 발행 2014년 6월 23일

값 6,000원

ⓒ도서출판 빛두레, 2014 Printed in Korea
2014년 5월 12일 교회인가

프란치스코 교황 강론선집   오민환 옮김

네 형제가 어디 있느냐?

빛두레

책머리에

'거대한 전환'을 열망하는 교황

박동호 신부
서울교구 신정동성당 주임
서울교구 정의평화위원회 위원장

'거대한 전환'을 열망하는 교황

이 책을 손에 든 독자께서는 「복음의 기쁨」이라는 교황의 최근 '권고'를, 적어도 이 권고의 '더는 미룰 수 없는 교회의 쇄신(27-32항)만이라도 꼭 읽어보셨으면 좋겠습니다. 제가 아무리 그 내용을 설명한다고 하더라도, 그 '충격'을 제대로 전할 수 없다고 생각하기 때문입니다. 어쩌면 한국천주교회의 정서와 분위기에서 교황의 권고는 수용되지 않을지도 모른다는 생각까지 합니다. 왜냐하면 교황은 한국천주교회의 평신도(각 분야의 평신도 지도자부터 일선 본당의 소박하고 경건한 어르신 교우까지), 수도자(각 수도회의 장상부터 청원 및 수련자까지), 그리고 성직자(주교부터 시작해서 부제까지)에게는 거의 '금기시'되어온 주제를 32항에서 대놓고 다루고 있기 때문입니다. '금기'로 삼는다는 것은 그만큼 '거대한 전환' 혹은 '충격'을 가져올만하다는 뜻입니다. 동시에 '현실'에 안주하려는 '저항'이나 '외면'을 가져올 수도 있다는 뜻이기도 합니다.

우선 교황은 교황직의 쇄신을 명시적으로 밝히고 있습니다.

교황직의 쇄신에 대해 교황은 "다른 이들에게 요구하는 것을 자신도 실천해야"하기 때문이라고 밝힙니다. 교회 쇄신에 모범을 보이겠다는 뜻입니다. 이는 한국천주교회에서는 극소수의 사람만이 '수군수군'할 이야깃거리에 불과했지만, 사실 보편교회 차원에서는, 오랫동안 특히 제2차 바티칸공의회에서는 말 그대로 '가장 뜨거운' 주제 가운데 하나였습니다(비록 교황23세의 서거로 그 논의는 중단되었습니다만). 교황이 스스로 교황직 쇄신의 뜻을 밝힌 것은 "정의를 증언하는 사람은 무엇보다도 사람들 눈에 정의로운 사람으로 비쳐야 한다"(세계정의, 3장)는 주교대의원회의의 가르침을 실천하겠다는 의지처럼 보입니다. 쇄신을 요구하는 자신도 쇄신하겠다는 그 뜻을 실천한다면, 그 쇄신 요구에 한국천주교회는, 혹은 모든 교구는 어떤 식으로든 반드시 응답해야 할 것입니다. 사실 교황이 "다른 이들에게 요구하는 것"은 모든 그리스도인, 본당 그리고 개별교회, 곧 교구의 쇄신입니다. 물론 '복음화' 혹은 '선교'를 하느님의 소명으로 인정한다면, 모든 부분이 '복음화'의 기준에 따라 쇄신해야 한다는 것입니다.

그뿐만이 아닙니다. 교황은 '보편교회의 중앙조직들'의 개혁을 희망했습니다. 안타깝지만 한국천주교회 대부분의 '하느님 백성'에게 보편교회는 곧 '로마'를 의미했습니다. 일부(?) 성직자와 수도자 사이에는 '한국교회는 로마보다 더 로마적이다'는 말이 회자됩니다. 여기서 '로마'는 흔히 '교황청'으로 알려진 '보편교회의 중앙조직'을 말합니다. 그래서 '더 로마적'이라는 표현에는 일종의 양가감정이 배어있습니다. 전통에 대한 자부심과 터무니없는 종속에 대한 부끄러움과 무기력함이 그것입니다. 그렇게 로마에 대한 일방적 짝사랑과 흠모는 '일탈' 대신에 '일치'로 간주되었고, 그 대신 '다양성'과 '합의체 정신'과 '활력'은 소멸되었습니다. 그리고 이는 '가톨릭의 전통'으로 여과 없이 무비판적으로 수용되기 일쑤였습니다. 그런데 교황은 이를 드러내놓고 "지나친 중앙집권"이라고 규정하고, 대신 '주교회의'를 "진정한 교리적 권위를 포함하여 구체적인 권한(교도권)을 지닌 주체"로 부각시킴으로써 개혁의 의지를 분명하게 밝혔습니다(이 주제 역시 제2차 바티칸공의회의 교부들의 열망이었지만, 실현되지 못한 주제 가운데 하나였습니다).

교황의 쇄신 의지에 대해 두 가지 정도를 심각하게 성찰하게 됩니다. '심각한 성찰'이라고 한 이유는 교황의 이 공개적 권고가 갖는 함의 때문입니다. 하나는 교황직과 보편교회의 중앙조직의 쇄신을 명시적으로 밝혔다는, 그것도 교황이 공개적으로 밝혔다는 점입니다. 교회의 사명과 본성(복음화, 선교, 세상 구원의 도구이자 표지로서의 교회)의 실현을 위해서라면 교황은 교황직도 스스로 쇄신하겠다고 했습니다. 그런데 지역교회가 쇄신하지 않는다면, 교회는 겉으로 드러나는 '하나인 교회'를 스스로 부정하는 셈이 됩니다.

어쩌면 교황의 쇄신의지 천명은 혼란을 야기할 수도 있습니다. 그 혼란을 두려워해서 외면하고 피할 수도 있습니다. 혹은 '쇄신'을 재해석(?)함으로써 쇄신의 형식을 갖추기만 할 뿐 그 정신(복음화를 목표로 하는 쇄신)을 무력화시킬 수도 있습니다. 제2차 바티칸공의회 이후 교황이 밝힌 것처럼 교회의 '개혁'은 미미했지만, '형식' 정도는 갖춘 것처럼 말입니다. 이는 흔히 공의회의 '정신'과 '문자' 사이의 논쟁으로 희석되었습니다.

다른 하나는 이 쇄신에 있어서 "우리는 별로 진전하지 못하였다", "지나친 중앙집권은 교회의 생활과 그 선교 활동에 도움이 되기보다는 이를 어렵게 만든다"며 공개적으로 고백했다는 점입니다. 이는 '과연 교회는 그리스도의 교회다웠는가?'라는 자문이며, 동시에 '쇄신'에 대한 열망입니다.

제2차 바티칸공의회는 교회의 본성과 사명을 각각 교회에 관한 교의헌장 '인류의 빛'과 현대 세계의 교회에 관한 사목헌장 '기쁨과 희망'에서 고백했습니다. 아마도 '거대한 전환'이라 불릴 만 했습니다. 어떤 분은 그래서 제2차 바티칸공의회를 '제2의 성령강림 사건'이라고까지 했습니다. 우선 교회를 그 자체로 목적이 아니라 인류 구원의 '표지이자 도구'로 전환했고, 당연히 그 사명을 배타적 '교회 수호와 확장'에서, 인류 구원의 봉사로 삼아 '구원의 보편성'을 지향함으로써 '세상'과 '대화와 협력'에로 전환했기 때문입니다.

그런데 교황은 제2차 바티칸공의회가 끝난 지 반세기가 지났는데도 교회가 "별로 진전하지 못했다"고 한 것입니다. 이는 교회가 스스로 고백한 교회답지 못했다는 공개적인 자기반성입니다. 사실, 필자의 짧은 생각으로, 제2차 바티칸공의회는 한국교회에 상륙조차 못했습니다. 최근의 우리 사회에서뿐만 아니라, 교회 안에서조차 논란이 되었고 더구나 여전히 '가야할 길'조차 정하지 못한 '사건'이 있었는데, 바로 이른바 '정교분리' 논란이 그것입니다. 편의상 교회 밖에서야 그럴 수 있다 치더라도, 교회 안에서조차, 고위 성직자부터 평범한 교우에 이르기까지 보인 그 혼란상은 바로 제2차 바티칸공의회가 그동안 얼마나 우리 교회와 무관했는지를 보여주는 표지입니다.

교황의 권고를 따른다면, 한국천주교회에서 통용되는 '복음화'는 「복음의 기쁨」이 밝히는 '복음화'로 쇄신되어야 합니다. 사실 한국천주교회에서 '복음화'는 '복음화율'로 대체되어 자리 잡았습니다. 복음화는 '율'로 환산될 성질의 것이 아님에도 말입니다. '얼마나 많은 신자가 있느냐'(양)는 '얼마나 복음적 가치가 세상 곳곳에 스며들어 현실을 하느님나라 모습으로 발전시키고 있느냐(질)로 환원될 수 없습니다. 양적 팽창과 질적 변화의 관계라 할 수 있습니다. '복음화율'은 '복음화'를 나타내는 여러 표지 가운데 하나, 그것도 통계적인 수치에 불과함에도, 우리에게는 복음화의 '전부' 혹은 복음화 자체가 되다시피 했습니다. 저절로 그렇게 된 것은 아닐 것입니다. 필자를 포함해서 복음화가 불편한 사람들이 있었을 것입니다.

'복음화율'의 '복음화'에의 이 '쇄신'은 '거대한 전환'을 가져오는 '충격'일 것입니다. 열정을 바쳐 신자를 늘이고 성당을 짓던 '길'에서 뛰어내려 '다른 길'로 가야 하기 때문입니다. 그리스도인 자신이, 본당 자신이, 교구 자신이 '그리스도의 길' 위로 뛰어들어야 하기 때문입니다. 우리의 생각과 태도, 활동, 그러니까 모든 삶을 송두리째 바꿔야 하는데, 예수님께서 걸으셨던 '십자가의 길'에 맞춰야 합니다. 그래서 어쩌면 교황의 이 쇄신 공언을 슬그머니 "함지 속에"(루카 11,33) 집어넣을 지도 모릅니다. 제2차 바티칸공의회의 '정신(쇄신과 적응)'을 그렇게 한 것처럼 말입니다. '전환'은 불가피하게 '자기부정'의 불편함과 고통을 수반하기 때문입니다.

사순 시기는 무엇보다도 '복음의 빛' 앞에서 자신을 부정하는 불편함과 고통의 시기입니다. 그러나 바로 그곳에서 성령께서는 우리를 다시 일으켜 세우실 것입니다. 제3의 성령강림을 간절히 청합니다.

오! 성령이시여,
당신은 끝없이 정의로운 분이시니,
저희로 하여금 정의를 거스르지 않게 하소서.
무지로 말미암아 악으로 기울지 말게 하시고,
아첨으로 인하여 동요되지 말게 하시고,
물욕에 더럽혀지지 말게 하소서.
(성 이시도르, 619년)

차 례

일러두기

1. 프란치스코 교황 강론의 원문은 교황청 홈페이지(www.vatican.va)에서 볼 수 있습니다.
2. 강론 번역의 일부는 한국천주교주교회의(CBCK) 홈페이지에서도 확인할 수 있습니다.
3. 강론 제목은 옮긴이가 내용을 참고하여 달았습니다.
4. 이 책에 사용된 사진들은 교황청 홈페이지 및 인터넷 검색 사이트에서 가져왔습니다.

책머리에 · 5

프롤로그 ｜ 세상의 끝에서 온 교황 · 17

가라, 세워라 그리고 고백하라! · 23
하느님 백성과 세상의 '보호자' · 29
예수 그리스도에 대한 기억
  – 미래를 희망으로 받아들이는 것 · 39
두려움과 새로움 사이에서 · 49
선교는 비즈니스가 아니다 · 59
람페두사 – 무관심의 세계화 · 69
희망을 도둑맞지 않도록 하십시오 · 79
가난에 대한 사랑과 가난한 그리스도 본뜨기 · 87
하느님 백성과 역사의 중심이신 예수 그리스도 · 97
우리의 삶 속에 천막을 치신 예수님 · 105

에필로그 ｜ 제47차 평화의 날 메시지 · 113

프란치스코 교황 약력 · 143

프롤로그

세상의 끝에서 온 교황

세상의 끝에서 온 교황*

형제자매 여러분!
안녕하십니까! 좋은 저녁입니다.

여러분도 아시다시피 콘클라베의 임무는 로마의 주교를 선출하는 일입니다. 저의 형제들인 추기경님들께서 그 주교 한 명을 로마로 데려오기 위해 거의 지구 끝까지 가셨던 것 같습니다. 그런데 지금 그 한 사람을 찾았고, 우리는 여기 함께 있습니다. 여러분의 환영에 감사드립니다. 로마 교구는 이제 주교를 갖게 되었습니다. 여러분, 감사합니다. 무엇보다 저는 전임 주교이신 베네딕토 16세를 위하여 기도하고자 합니다. 주님께서 그분을 축복하시고, 하느님의 어머니께서 그분을 지켜주시도록 우리 다함께 기도합시다.

---

* 2013년 3월 13일, 교황 선출 뒤 성 베드로 광장에 모인 사람들을 향한 프란치스코 교황의 인사말과 첫 강복.

(암송) 하늘에 계신 우리 아버지 …. 은총이 가득하신 마리아여 …. 영광이 성부와 ….

지금 우리는 새로운 여정을 시작합니다. 로마 교회의 주교와 백성의 이 여정은 모든 교회를 사랑으로 이끄는 교회의 여정입니다. 그 길은 형제애와 사랑, 그리고 상호 신뢰의 여정입니다. 늘 우리 서로를 위해 기도합시다. 위대한 형제애가 세상을 지배하도록 기도합시다. 오늘 우리가 함께 시작한 여정에 지금 여기 옆에 계신 총대리 추기경님께서 저를 도우실 것입니다. 함께하는 우리의 여정이 이 아름다운 도시의 복음화를 위하여 풍요로운 결실을 맺기를 희망합니다.

이제 여러분들에게 강복을 드리고자 합니다. 그런데 그 전에, 먼저 여러분에게 청이 있습니다. 이 주교가 여러분을 축복하기 전에, 주님이 먼저 저를 축복해주시도록 여러분께서 기도해주시기를 부탁드립니다. 침묵 중에 나를 위해 기도를 올려주시길 바랍니다.

(교황은 머리를 숙이고, 침묵 중에 함께 기도)

이제 여러분과 온 세상, 선의를 지닌 세상의 모든 분들에게 축복을 나누어 드립니다.

(강복)

형제자매 여러분, 이제 여러분과 헤어져야 하겠습니다. 여러분의 환영에 다시 한 번 감사드립니다. 저를 위하여 기도해 주십시오. 지금 바로! 우리는 곧 다시 만나게 될 것입니다. 내일 저는 성모 마리아를 찾아뵙고 로마를 지켜달라고 기도할 것입니다. 좋은 밤입니다. 안녕히 가십시오. 편안히 주무시기를!

가라, 세워라
그리고 고백하라!

가라, 세워라
그리고 고백하라!*

 오늘 독서와 복음(이사 2,2-5, 1베드 2,4-9, 마태 16,13-19)은 제 생각에 어떤 움직임이라는 공통점이 있습니다. 제1독서는 여정의 움직임, 제2독서는 교회 건설의 움직임, 그리고 복음은 신앙고백의 움직임이 있습니다. 이를테면 가라, 세워라, 고백하라입니다.

 가라. "야곱의 집안아 자, 주님의 빛 속으로 걸어가자!"(이사 2,5). 하느님께서는 아브라함에게 내린 첫 말씀에서 당신의 현존 안에서 움직이며 올바로 살아가라고 말씀하셨습니다(창세 17,1 참조). 가라, 우리의 삶은 하나의 여정입니다. 우리가 걷기를 멈춘다면, 여정의 사건은 일어나지 않습니다. 주님의

---

* 2013년 3월 14일, 교황선출 다음 날 시스티나 경당에서 추기경선거인단과 함께 봉헌한 미사 강론.

현존 안에서, 주님의 빛 안에서 항상 걸어가십시오. 그렇게 걸어가면서 하느님께서 아브라함과 약속하시고 청하셨던 대로, 흠 없는 삶을 살도록 노력하십시오.

세워라. 교회를 건설하라. 제2독서는 돌에 대해 말하고 있습니다. 돌은 단단합니다. 하지만 우리에게는 살아있는 돌, 성령의 기름부음을 받은 돌이 중요합니다(1베드 2,1-10 참조). 주님 스스로 모퉁이 머릿돌이 되신 그 위에 그리스도의 신부인 교회를 세우는 것. 그것이 우리 삶에서 계속되는 또 다른 움직임인 세우기입니다.

세 번째로 **고백하라.** 우리는 원하는 만큼 걸어갈 수 있고, 많은 것을 세울 수 있습니다. 하지만 우리가 예수님을 그리스도로 고백하지 않는다면, 무언가 잘못된 것입니다. 우리는 자선을 베푸는 어떤 비정부기구(NGO)가 될 수 있지만, 그리스도의 신부인 교회는 될 수 없습니다. 걸어가지 않는다면 우리는 멈춰 서게 됩니다. 우리가 반석 위에 집을 짓지 않는다면, 무슨 일이 일어나겠습니까? 어린아이들이 해변에 쌓은 모래성과 같은 일이 일어날 것입니다. 견고하지 않다면 모든 것이 무너집니다. 예수 그리스도를 고백하지 않는다면, 레옹 블루아의 말처럼, "주님께 기도하지 않는 자는 마귀에게 기도하는 사람입니다." 우리가 예수 그리스도를 고백하지 않는다면, 자신의 이익만을 추구하는 악마의 세계, 악의 세속성을 고백하는 것입니다.

가라, 세워라/건설하라, 고백하라를 기억하십시오. 이 일들은 그렇게 쉬운 일이 아닙니다. 걸어가고 세우고 고백하는 일을 하다보면 많은 동요가 있을 수 있습니다. 그것은 여정의 본질적인 움직임에 속하지 않습니다. 이러한 움직임은 우리를 퇴보시킬 수도 있습니다.

오늘 복음은 우리를 아주 특별한 상황으로 끌고 갑니다. 예수님을 그리스도로 고백했던 베드로는 이렇게 말합니다. 스승께서는 살아있는 하느님의 아들, 그리스도이십니다. 저는 당신을 따르겠습니다. 하지만 저에게 십자가는 말씀하시지 마십시오. 십자가는 저와 아무런 상관이 없습니다. 저는 십자가 없이 당신을 따르겠습니다. 십자가 없이 걸어가고 십자가 없이 교회를 세우고 십자가 없이 그리스도를 고백한다면 우리는 주님의 제자가 아니라, 세상의 속인들입니다. 우리는 그렇게 주교, 사제, 추기경, 교황일 수 있지만, 주님의 제자는 아닙니다.

저는 이렇게 은총이 가득한 며칠을 보낸 우리 모두가 용기를 갖기를 바랍니다. 우리 모두 주님의 현존 안에서 주님의 십자가를 지고 걸어갈 참된 용기를 갖게 되기를 희망합니다. 십자가 위에 흘리신 주님의 피로 교회를 세우고, 십자가에 못 박히신 분을 그리스도로 고백하는 유일한 영광으로 선언하는 용기를 지녀야 합니다. 그래야 교회는 앞으로 나아갈 것입니다.

저는 우리 어머니이신 성모 마리아의 전구를 통해, 우리가 걸어가고 세우고 십자가에 못 박히신 분을 예수 그리스도로 고백할 수 있는 은총을 우리 모두에게 내려주시길 빕니다. 아멘.

하느님 백성과 세상의 '보호자'

하느님 백성과 세상의 '보호자'*

사랑하는 형제자매 여러분!

저의 베드로 사도직무를 시작하는 이 거룩한 미사를 동정녀 마리아의 배필이시며 보편교회의 수호성인이신 성 요셉 대축일에 봉헌하도록 해주신 주님께 감사드립니다. 오늘 이 미사는 참으로 뜻 깊은 만남의 사건이고, 또한 저의 존경하는 선임자의 영명축일이기도 합니다. 우리는 넘치는 애정과 감사의 마음을 담은 기도로 그분 가까이에 있습니다.

먼저 진심으로 저의 형제인 추기경들을 비롯한 주교들, 사제들과 부제들, 남녀수도자들 그리고 모든 평신도 여러분들

---

* 2013년 3월 19일, 성 베드로 광장에서 봉헌된 로마 주교의 베드로 직무 시작을 위한 팔리움과 어부의 반지 양도를 위한 교황 즉위 미사 강론(제1독서: 사무 7,4-5.12-14; 제2독서: 로마 4,13.16-18.22; 복음: 마태 1,16.18-21.24).

에게 감사의 인사를 전합니다. 이 자리에 참석해주신 유다교 공동체와 다른 종교공동체의 대표들뿐만 아니라, 다른 형제 교회와 공동체 대표 여러분들께도 감사드립니다. 세계 곳곳에서 온 국가 원수와 정부 수장, 각국 공식 대표단과 외교사절단 여러분께도 진심어린 인사를 전합니다.

오늘 복음에서 우리는 "요셉은 주님의 천사가 명령한 대로 아내를 맞아들였다"(마태 1,24)는 말씀을 들었습니다. 하느님께서 이 말씀으로 요셉에게 맡기신 사명은 수호자(custos), 곧 보호자의 임무였습니다. 누구의 보호자가 되라는 말씀일까요? 바로 마리아와 예수님의 보호자입니다. 하지만 이 보호는 교회로 더 확대됩니다. 복자 요한 바오로 2세께서는 이 보호에 대해 "요셉 성인이 마리아를 애정으로 보살펴 주고 예수 그리스도의 양육에 기꺼이 헌신하였던 것처럼, 그리스도의 신비체 즉 동정 마리아가 그 모범이고 귀감인 교회를 보호하고 보살피고 있습니다"(『구세주의 보호자』, 1항)라고 강조하셨습니다.

요셉은 이 보호자의 역할을 어떻게 수행했을까요? 요셉은 비록 이해하지 못할 때라도 신중하고 겸손하며 조용히, 하지만 변함없는 절대적 신뢰로 보호자의 임무를 수행했습니다. 마리아와 약혼했을 때부터 열두 살 난 예수님을 예루살렘 성전에서 찾는 사건에 이르기까지 요셉은 매 순간 정성껏 깊은 사랑과

관심으로 돌보았습니다. 배필 마리아의 삶에서 고통스럽고 힘들었던 순간마다 요셉은 그 옆을 지켰습니다. 인구조사를 위해 베들레헴으로 길을 떠나고, 출산의 두렵고 기쁜 순간에도 요셉은 거기에 있었습니다. 또 이집트로 피신을 떠나야 했던 극적인 상황 속에서 그리고 성전에서 잃어버린 아들을 정신없이 찾아 헤맬 때도 요셉은 그 자리를 지켰습니다. 나사렛의 일상생활에서도, 예수님에게 목공일을 가르쳤던 일터에서도 마리아의 배우자 요셉은 항상 그 자리에 있었습니다.

요셉은 마리아, 예수님 그리고 교회의 보호자가 되라는 소명에 어떻게 응답하였습니까? 요셉은 하느님 말씀에 끊임없이 귀 기울이고, 하느님 현존의 표징들에 마음을 열어 자신의 뜻을 하느님의 계획 아래 둠으로써 그분의 뜻이 이루어지게 하였습니다. 이것이 오늘 우리가 제1독서에서 들은 대로 하느님께서 다윗에게 요청하신 내용입니다. 하느님은 인간에 의해 세워진 집을 바라시는 것이 아니라, 당신의 말씀과 계획에 충실하기를 바라십니다. 집은 하느님께서 직접 지으실 것입니다. 그러나 하느님이 집을 지으실 때는 성령의 인호가 새겨진 살아있는 돌들로 지으실 것입니다. 요셉은 '보호자'입니다. 하느님의 말씀을 듣고 이해하며, 하느님의 뜻을 따르기 때문입니다. 바로 그런 이유로 해서 요셉은 자신에게 맡겨진 사람들을 더욱 세심하게 바라보며, 사건의 실제적 의미를 해석할 줄 알았습니다. 또 그의 주변에서 벌어진 일들에 대해 주의를 기울여 가장 현명한 결정을 내립니다. 사랑하는 형제자매 여러분, 요셉으로부터 우리는 어떻게 하느님의 부르심에 기꺼이 그리고 선뜻 응답해야 하는지를 배우게 됩니다. 또한 우리는 그리스도인 소명의 핵심이 무엇인지도 보게 됩니다. 바로 그리스도이십니다! 다른 사람을 보호하고 피조물을 보존하기 위해서, 우리의 삶 속에 그리스도를 수호합시다!

그럼에도 보호자가 되는 소명은 단지 우리 그리스도인들에게만 해당되는 것이 아닙니다. 이 소명은 또한 모든 사람들에게 전제되고 그들을 아우르는 근본적인 차원이 있습니다. 이 근본적인 소명은 창세기 말씀과 아씨시의 프란치스코 성인이 보여주었듯이 모든 피조물, 창조된 세상의 아름다움을 보호하는 데에 있습니다. 다시 말해 이 소명은 하느님의 모든 창조물 그리고 우리가 살고 있는 이 환경을 존중하는 것에서 비롯합니다. 사람을 보호한다는 것, 모든 사람을 돌본다는 것은 특히 애정을 가지고 어린이와 노인 그리고 보다 힘없는 이들, 종종 우리의 마음속에서 주변으로 밀려나 있는 사람들을 돌본다는 것을 의미합니다. 또한 이 소명은 가정에서 서로 존중하고 돌보는 것도 의미합니다. 부부는 서로를 보호하고, 부모로서 자녀들을 돌보며, 나중에는 그 자녀들이 또한 부모를 돌보아야 합니다. 이 보호의 소명은 솔직하고 참된 우정을 맺으며 살아가는 것을 의미하기도 합니다. 신뢰로 서로를 보호하며, 서로 존경하고 선으로 대하는 우정 말입니다. 근본적으로 우리 모두는 인간을 보호하고 하느님께서 맡기신 모든 것을 지켜야 할 책임이 있습니다. 우리, 하느님이 주신 선물의 보호자가 됩시다!

인간이 이 책임을 이행하지 않는다면, 또 우리가 창조세계와 우리의 형제자매인 모든 인간을 돌보지 않는다면, 세상은 파멸에 자리를 내주고 우리의 마음은 더 완고해집니다. 유감스럽게도 역사의 모든 시기마다 죽음의 음모를 꾸미고, 사람들의 체면을 손상시키고 일그러뜨리는 '헤로데들'이 있습니다.

정치, 경제 그리고 사회 영역에서 책임 있는 지위에 있는 사람들과 선의의 모든 사람들에게 간곡히 요청합니다. 자연 안에 깊이 새겨진 하느님 계획의 '보호자', 창조된 세계의 보호자, 타인들과 환경의 보호자가 되어주십시오. 발전이라는 명목으로 우리가 살아가는 이 세상이 더 이상 파괴와 죽음의 그 어떤 징조가 보이도록 해서는 안 됩니다. 창조 세계를 '보살피기' 위해서는 우리 스스로에게도 주의를 집중해야 합니다! 증오, 시기 그리고 교만은 삶을 불순하게 만든다는 것을 기억합시다! 보호자가 된다는 것은 우리의 감정과 마음을 잘 살펴보는 것을 의미합니다. 왜냐하면 감정과 마음으로부터 건설하고 파괴하는 선의와 악의가 나오기 때문입니다. 우리는 선하고, 친절하게 변하는 것을 절대 두려워하지 말아야 합니다!

여기서 저는 한 가지 더 덧붙이고자 합니다. 돌보고 보호하는 데에는 선함이 필요합니다. 여기에는 친절하게 살아갈 것이 요구됩니다. 복음서에서 요셉 성인은 강인하고 용기 있고 열심히 일하는 노동자로 나타납니다. 그의 내면은 나약함이 아닌, 그 반대로 위대한 부드러움을 보여줍니다. 그의 친절함은 영적인 강인함을 의미하고, 타인에 대한 세심 한 배려, 연민, 타자를 향한 참된 개방, 사랑의 능력을 의미합니다. 우리는 선량하게 되는 것, 친절하게 되는 것에 두려워하지 말아야 합니다!

오늘 우리는 요셉 성인의 축일을 기념하면서 베드로의 후계자인 로마의 새로운 주교의 사도직무 시작을 함께 축하하고 있습니다. 베드로의 직무에는 어느 정도 권력이 부여되어 있습니다. 분명히 예수 그리스도께서는 베드로에게 권력을 부여하셨습니다. 그런데 그 권력은 어떤 것일까요? 예수님께서는 베드로에게 사랑에 관해 세 번의 물음을 던지신 뒤,

이어서 세 번에 걸쳐 명령하십니다. 내 어린 양들을 잘 돌보아라. 내 양들을 잘 돌보아라. 참된 권력은 섬김임을 결코 잊어서는 안 됩니다. 교황도 자신의 권력을 행사할 때는 언제나 십자가 위에서 가장 찬란히 빛나는 정점을 보여주셨던 예수 그리스도의 섬김 안으로 들어가야 합니다. 교황은 겸손하고 구체적이고, 신앙으로 가득 채워진 성 요셉의 섬김에서 모범을 보아야 합니다. 그리고 교황도 요셉 성인처럼 모든 하느님의 백성을 보호하고, 사랑과 친절로 모든 인류를 받아들이고, 특히 가장 가난하고 가장 힘없고 보잘 것 없다 생각되는 소수자들을 끌어안기 위해 팔을 벌려야 합니다. 이들은 마태오복음 사가가 최후심판 이야기에서 열거한 사람들입니다. 굶주린 이들, 목마른 이들, 나그네들, 헐벗은 이들, 병든 이들, 감옥에 갇힌 이들(마태 25,31-46 참조)입니다. 오직 사랑으로 섬기는 사람만이 이들을 보호할 수 있습니다!

제2독서에서 바오로 성인은 "희망이 없이도 희망하며 믿었던"(로마 4,18) 아브라함에 대해 말합니다. 희망을 거스르는 모든 것에 저항하며 희망을 가집시다! 오늘날 절망의 어둠이 짙게 내린 하늘 아래 있는 많은 길에서 우리는 희망의 빛을 찾아 다른 사람들에게 그 희망을 전해야 합니다. 피조물을 보호하고, 친절과 사랑으로 모든 사람을 돌보는 것은 희망의 지평을 여는 것을 의미합니다. 이것은 짙은 구름이 열어젖혀져 번개가 치는 것을 의미하며, 희망의 온기를 가져오는 것입니다! 모든 신앙인들, 우리와 같은 그리스도인들을 위해서 – 이미 아브라함과 요셉 성인에게서 보았듯이 – 우리가 전하는 희망은 그리스도로부터 이미 시작된 하느님의 지평입니다. 이는 하느님이라는 바위 위에 세워진 희망입니다.

성모님과 함께 예수님을 돌보고, 온 창조세계를 보호하고, 모든 인간, 특히 가장 가난한 사람들을 돌보고, 우리 자신을 보호하는 것, 이것이야말로 로마의 주교로 부름을 받은 이가 감당해야 할 직무입니다. 하지만 우리 모두도 희망의 별을 밝히기 위한 봉사의 직무를 위해 부름을 받았습니다. 하느님께서 우리에게 선사해주신 이 세상을 사랑으로 보호합시다!

동정 성모 마리아, 요셉 성인, 베드로와 바오로 성인, 프란치스코 성인의 전구로 성령께서 저의 직무에 동반해주시기를 청합니다. 그리고 여러분 모두에게도 저를 위해 기도해주시길 빕니다! 아멘.

예수 그리스도에 대한 기억
- 미래를 희망으로 받아들이는 것

예수 그리스도에 대한 기억
- 미래를 희망으로 받아들이는 것[*]

사랑하는 형제자매 여러분!

1. 빛으로 가득한 부활 성야의 복음에서 우리는 가장 먼저 예수님의 시신에 도유하기 위해 향유를 들고 예수님의 무덤으로 향하는 여인들과 마주하게 됩니다(루카 24,1-3 참조). 그 여인들은 전통에 따라 사랑하는 고인들에게 늘 하던 것처럼, 연민과 애정, 사랑의 행동을 보여주기 위해 예수님의 무덤으로 갔습니다. 그녀들은 예수님을 따랐고, 예수님 말씀에 귀를 기울였으며, 예수님을 통하여 자신의 존귀함을 느꼈고, 예수님이 가시는 마지막 길, 골고다 언덕, 십자가에서 돌아가시고 내려지실 때까지 주님을 따랐습니다. 우리는 그 여인들이 무덤까지

---

* 2013년 3월 30일, 바티칸 성당에서 봉헌된 예수부활대축일 성야 미사 강론.

걸어가는 동안의 마음을 헤아려 볼 수 있습니다. 예수님께서 돌아가시고 그들의 곁을 떠나셨기 때문에 깊은 슬픔과 고통을 느꼈을 것입니다. 예수님의 역사는 그렇게 끝이 났습니다. 사람들은 이제 일상으로 돌아와 이전과 같은 삶을 살아갑니다. 하지만 사랑이 여인들 안에 깨어 살아 있었습니다. 여인들을 무덤으로 찾아가도록 재촉하는 예수님에 대한 사랑입니다. 그런데 이때 여인들의 마음을 흔드는, 전혀 예상치 못했던 완전히 새로운 사건이 일어났습니다. 이 사건은 그녀들의 계획을 뒤엎었고, 전혀 새로운 방향으로 그녀들의 삶을 이끌었습니다. 여인들은 무덤을 막고 있었던 바위가 치워져있는 것을 보고, 동굴 안으로 들어가 예수님의 시신이 없어진 것을 보게 됩니다. 그녀들은 망연자실했지만, 한편으로 의혹도 일었습니다. 그래서 "도대체 무슨 일이 벌어진 건가?", "이 모든 일들이 의미하는 것이 뭘까?"(루카 24,4 참조)라는 물음을 던집니다. 평범한 일상 속에서 정말로 그렇게 놀랍고 새로운 일이 벌어진다면, 우리의 경우도 그렇지 않을까요? 우리는 잠시 머뭇거릴 것입니다. 그리고는 우리가 이 일을 어떻게 해야 하는지에 대해 이해하거나 알고 싶지 않을 것입니다. 새로움은 흔히 두려움을 만듭니다. 또한 하느님께서 우리에게 주시는 새로움은 하느님께서 우리에게 요구하시는 새로움입니다. 우리는 복음서에 나오는 사도들의 모습과 같습니다.

종종 우리 자신의 안위를 먼저 생각한 다음, 돌아가신 주님을 생각하고 무덤으로 갑니다. 그리고 마침내 주님을 과거의 위대한 인물들처럼 난지 역사의 기억 속에 묻어 두며 살아갑니다. 사랑하는 형제자매 여러분, 우리는 살아가면서 하느님께서 보여주시는 놀라움을 두려워합니다! 하느님은 항상 우리를 놀라게 하십니다! 주님은 바로 그런 분이십니다.

형제자매 여러분, 하느님께서 우리 삶으로 가져다주시려는 새로움이 들어오지 못하도록 우리 자신을 닫아 놓지 맙시다! 우리는 종종 지치고, 실망하고, 슬퍼하고, 우리가 지은 죄의 무게를 느낍니다. 우리는 그것을 막을 길이 없다고 생각하지 않나요? 우리 자신 안에 우리를 가두지 않는다면, 우리는 신뢰를 잃지 않을 것이고, 결코 포기하지도 않을 것입니다. 하느님께서 변화시키실 수 없는 상황은 없습니다. 하느님께 우리가 열려 있다면, 용서받을 수 없는 죄는 없습니다.

2. 이제 다시 복음 속의 여인들에게 돌아가, 한 발자국 앞으로 더 나갑시다. 여인들은 예수님의 시체가 있었던 무덤이 비었다는 것을 발견하고 뭔가 새로운 일이 벌어졌다는 것을 알았습니다. 그러나 분명하게 말 할 수 있는 것은 아무것도 없었습니다. 의문이 생겨났고, 혼란이 일기 시작했지만, 아무

도 어떤 대답도 줄 수 없었습니다. 그때 갑자기 눈부시게 차려입은 두 사람이 말하는 것을 보게 됩니다. "어찌하여 살아 계신 분을 죽은 이들 가운데에서 찾고 있느냐? 그분께서는 여기에 계시지 않고 되살아나셨다"(루카 24,5-6). 여인들이 확실히 사랑으로부터 무덤으로 갔던 그 단순한 행동은 이제 하나의 사건이 되었습니다. 진정으로 삶을 변화시키는 하나의 사건으로 변모하였습니다. 그 여인들의 삶뿐만이 아니라 우리의 삶과 인류의 역사에서 이전과 같은 것은 아무것도 없습니다. 예수님은 돌아가시지 않았고, 다시 부활하셨습니다. 예수님은 살아계신 분이십니다! 예수님께서는 단순히 생명으로 돌아오신 게 아니라, 생명 자체이십니다. 그래서 예수님은 살아계신 하느님의 아드님이십니다(민수 14,21-28; 신명 5,26; 여호 3,10 참조). 예수님은 더 이상 과거에 존재하지 않고 현존하시며 미래를 향하시는 분이십니다. 예수님은 하느님의 영원한 '오늘'입니다. 하느님의 새로움은 이렇게 여인들, 제자들 그리고 우리 모두 눈앞에 나타났습니다. 그 새로움이란 죄, 악 그리고 죽음에 대한 승리, 인간의 삶을 힘겹게 하고, 인간적인 면모를 축소시키는 모든 것에 대한 승리를 말합니다. 그리고 이것은 나를 향한, 여러분을 향한, 사랑하는 형제자매들을 향한 메시지입니다. 우리는 얼마나 자주 사랑이 우리에게 말하게 해야 합니까? 왜 여러분은 죽은 자들 가운데서 산

이를 찾으십니까? 일상의 문제들과 걱정들은 너무나 쉽게 우리 자신 안에, 인생의 슬픔과 쓰라림 속에 우리 스스로를 쉽게 가두게 만듭니다 …. 거기에는 죽음이 있습니다. 죽은 것들 속에서 산 것을 찾지 맙시다!

부활하신 예수님께서 여러분의 삶으로 들어오실 수 있도록 합시다. 그리고 신뢰를 갖고 주님을 친구로 받아들이십시오. 그분은 생명이십니다! 여러분이 예수님과 멀어져 있었다면 지금 조금씩 그분께 다가가십시오. 그분께서는 열린 품으로 여러분을 안아주실 것입니다. 만약 여러분이 이것을 대수롭지 않게 생각했었다면, 위험을 감수하게 될지도 모릅니다. 실망하지 마십시오. 예수님을 따르는 것이 어렵게 느껴진다면 두려워 말고, 그분에게 여러분을 맡기십시오. 주님께서 여러분의 곁에 계시다는 것이 확실합니다. 그분은 여러분의 자리에 계시고, 여러분에게 평화를 주실 것입니다. 그리고 주님이 여러분에게 하셨던 것처럼 그분의 뜻에 따라 살아갈 수 있는 힘을 구하십시오.

3. 부활성야의 마지막 복음에 대해서 제가 강조하고 싶은 내용이 한 가지 더 있습니다. 여인들은 하느님의 새로움을 만났습니다. 예수님은 부활하셨고, 그분은 살아계신 분입니다

다! 그러나 빈 무덤과 밝은 예복을 입은 두 사람 앞에서, 여인들의 첫 번째 반응은 한마디로 경악이었습니다. 여인들은 "얼굴을 땅으로 숙"였습니다. 루카복음은 이 모습을 적어 놓았습니다. 그녀들은 올려다 볼 용기가 나지 않았습니다. 하지만 주님의 부활 소식을 들었을 때, 그 말씀을 믿었습니다. 그리고 눈부신 옷을 차려입은 두 사람은 여인에게 핵심 단어 하나를 일러주었습니다. 바로 기억입니다. "그분께서 갈릴래아에 계실 때에 너희에게 무엇이라고 말씀하셨는지 기억해 보아라 …. 그러자 여자들은 예수님의 말씀을 기억해 내었다"(루카 24,6.8). 이것은 예수님과의 만남, 그분의 말씀, 그분의 행동, 그분의 삶을 기억하라는 초대입니다. 여인들은 주님과 함께했던 아름다운 시절을 기억해내자, 모든 두려움을 극복하게 되었습니다. 그리고 나서 여인들은 무덤에서 돌아와 사도들과 그 밖의 모든 이에게 주님의 부활을 선포하였습니다(루카 24,9 참조). 하느님께서 나를 위해서, 또 우리를 위해서 하신 일들을 기억하고 돌아보는 것 - 그것은 미래에 대한 희망으로 마음을 여는 것입니다. 하느님께서 우리 삶에서 하셨던 일들을 기억하는 연습을 합시다.

찬란히 빛나는 이 밤에 우리는 모든 일을 마음속에 간직하셨던 동정녀 마리아께(루카 2,19.51 참조) 주님께서 당신의 부활에 우리를 초대하시도록 청합시다. 아마도 주님께서는 변화되는

예수부활대축일 성야 미사

새로움, 이미 그렇게 아름다운 하느님의 놀라움을 위해 우리를 개방시키실 것입니다. 주님께서는 여러분 개인의 역사와 세상 안에서 하셨던 일을 기억할 수 있는 능력을 주실 것입니다. 주님께서는 당신을 우리들 가운데서 살아 활동하시는 살아있는 분으로 느낄 능력을 주실 것입니다. 주님은 우리를 가르치십니다. 사랑하는 형제자매 여러분, 매일 매일 죽은 이들 가운데서 살아계신 분을 찾지 맙시다. 아멘

두려움과 새로움 사이에서

두려움과 새로움 사이에서[*]

사랑하는 형제자매 여러분!

오늘 거행하는 이 전례 안에서 우리는 부활한 그리스도를 통해 새롭게 작용하는 성령이 당신의 교회에 내려오심을 묵상하고 있습니다. 이 전례는 예루살렘의 최후만찬 자리를 충만하게 채웠던 은총의 사건을 온 세상에 널리 퍼지게 하기 위함이었습니다.

그러나 우리에게 멀고도 가깝게 느껴지는 그날, 과연 우리의 마음 깊은 곳을 울리는 어떤 일이 벌어졌습니까? 루카 성인은 우리가 들었던 **사도행전**의 보도(사도 2,1-11)에서 그 답을 줍니다. 복음서 저자는 사도들이 모여 있던 예루살렘의 다락방으로 우리를 이끕니다. 우리의 주의를 끄는 첫 번째 요소는 갑작스럽

---

[*] 2013년 5월 19일, 성 베드로 광장에서 봉헌된 성령강림대축일 미사 강론.

게 하늘로부터 "거센 바람이 부는 듯한 소리가 나는" 요란한 울림입니다. 그것은 곧 온 집안을 가득 채웁니다. 그러고 나서 "불꽃 모양의 혀들"이 나타나 갈라지면서 사도들 위에 내려앉습니다. 요란한 소리와 불꽃같은 혀들은 사도들을 외부로부터 뿐만 아니라 내면에서도, 곧 영혼과 육신의 내면을 건드리고 있다는 분명하고 구체적인 신호입니다. 그 결과는 "모두 성령으로 가득 차"게 되었다는 것이고, 성령은 놀라운 성과와 함께 억제할 수 없는 역동성을 가지고 확장되었습니다. 사도들은 "성령께서 표현의 능력을 주시는 대로 다른 말로 말하기 시작하였습니다". 그리하여 예기치 않았던 놀라운 상황이 벌어집니다. 그 소리를 듣고 많은 사람들이 무리를 지어 모여들어, 제자들이 하는 말을 듣고 저마다 자기 지방의 말로 이해하는 것을 보고 놀라기 시작합니다. 모든 사람들이 거기에서 이전에는 전혀 알지 못했던 새로운 경험을 하게 됩니다. "우리가 저마다 자기가 태어난 지방 말로 듣고 있으니 어찌된 일인가?" 그런데 그들은 무엇에 대해서 말합니까? 그들은 "하느님의 위업"에 대해 말하고 있습니다.

사도행전이 전하는 이 단락의 조명에서, 성령의 작용과 연관된 세 단어를 묵상하시기를 바랍니다. 그것은 바로 새로움, 조화, 선교입니다.

1. **새로움**은 항상 어느 정도 두려움을 만들어 냅니다. 그래서 우리가 모든 것을 통제하게 될 때, 즉 선례에 따라, 우리의 안전장치와 취미에 따라 삶에 대한 프로그램을 세우고 계획하고 실행할 때, 보다 안전함을 느낍니다. 하느님에 대해서도 마찬가지 일이 벌어집니다. 우리는 종종 하느님을 따르고, 그분을 받아들입니다. 하지만 오직 우리가 확실하다고 느끼는 지점까지입니다. 그분께 대한 온전한 믿음을 가지고 나를 헌신하고, 성령이 내 삶의 영혼을 지배하고 나의 모든 결정을 이끌도록 허락하기란 쉬운 일이 아닙니다. 우리는 두려움을 갖고 있습니다. 하느님께서는 우리에게 새로운 길로 가도록 하실 수 있습니다. 하느님께서는 당신의 지평에로 우리를 개방시키기 위해, 우리의 제한적이고 폐쇄적이고 이기적인 지평으로부터 우리를 끌어내실 수 있습니다. 전체 구원사 속에서 본다면, 하느님께서 당신을 계시하셨을 때 새로움을 불러오셨습니다. 하느님께서는 늘 새로움을 불러오시고 우리를 변화시키시며 당신을 온전히 믿으라고 요구하십니다. 노아는 조롱거리가 된 방주를 만들었지만 구원되었습니다. 아브라함은 하느님의 약속 말고는 아무것도 지니지 않고 자신의 고향을 떠났습니다. 모세는 파라오의 압제로부터 들고 일어나 백성을 해방으로 인도하였습니다. 겁에 질려 문을 걸어 잠그고 다락방에 모여 있던 사도들은, 복음을 전하기 위해 용기를

갖고 밖으로 나갔습니다. 그것은 새로움을 위한 새로움, 우리 시대에 흔히 나타나는 무료함을 극복하기 위한 새로운 시도가 아닙니다. 하느님께서 주시는 새로움이란 우리에게 실제로 구체화되고, 참된 기쁨과 여유를 주는 것입니다. 그렇게 하느님께서는 우리를 사랑하시고 우리가 큰 행복을 누리기를 바라십니다. 오늘 우리 자신에게 물어봅시다. 우리는 '하느님께서 주시는 뜻밖의 사건'에 개방되어 있는가? 또는 성령의 새로움 앞에서 두려움으로 인해 우리 자신을 가두어 두고 있지 않은가? 하느님의 새로움이 제안하는 새로운 길을 걸어가는 데 용기를 갖고 있는지, 또는 남을 받아들일 능력을 상실했던 과거의 구조에 닫힌 채 나 자신만을 방어하는 데 급급한 것은 아닌가? 하루를 보내면서 이러한 물음들을 항상 염두에 둔다면 우리 자신을 선한 삶으로 이끌게 될 것입니다.

2. 두 번째 생각입니다. 성령은 아마도 교회 안에 무질서를 만드신 것 같습니다. 왜냐하면 성령은 카리스마, 은총의 선물을 다양하게 가져오십니다. 성령의 활동으로 모든 것은 풍요로워집니다. 성령은 획일화를 의미하지 않지만, 모든 것을 **조화**로 되돌리는 일치의 영입니다. 조화는 성령의 교회 안에서 작동합니다. 교부들 중의 한 분은 새겨들어야 할 좋은 말씀을 주셨습니다. "성령은 그 자체로 조화이다"(ipse harmonia

est). 즉 성령은 차이, 다양성, 다수성을 일깨워주지만, 동시에 일치를 만듭니다. 우리 스스로 차이를 만들기 원하고 우리가 만든 파벌과 배타성에 갇힌다면, 우리는 분열로 가게 됩니다. 그리고 우리 스스로 우리의 인간적 계획들로 단일화를 원한다면, 우리는 결국 단조로움, 틀에 박힌 도식화에 빠지게 됩니다. 반대로 성령의 이끌림에 우리를 내어준다면, 풍요로움, 다양성, 다름은 결코 분쟁에 빠지지 않습니다. 왜냐하면 성령은 교회공동체 구성원들 사이에서 다양성을 살도록 우리를 부르시기 때문입니다. 특별한 카리스마와 직분을 가진 사목자의 인도 아래 교회 안에서 순례의 길로 함께 나선 우리는 성령의 활동을 위한 하나의 징표입니다. 우리 모두가 함께 모여 있는 교회는 모든 그리스도인, 모든 공동체, 모든 운동의 근본 특징입니다. 교회는 나에게 그리스도를 불러오고, 나를 그리스도에게로 이끕니다. 이에 병행하는 순례의 길들도 매우 위험합니다! 교회의 가르침과 공동체를 넘어 움직이는 모험을 감행하고 – 사도 요한이 그의 두 번째 서간에서 썼듯이 – 교회 안에 머물지 않는다면, 우리는 하느님 예수 그리스도와 연결되어 있는 것이 아닙니다(2요한 9절 참조). 또한 우리 자신에게 이렇게 질문을 던져봅니다. 모든 형태의 폐쇄성을 극복하기 위해 성령의 조화에로 열려있는가? 교회 안에서 교회와 더불어 살기 위해 나 자신을 성령의 인도에 맡기고 있는가?

3. 마지막 요점입니다. 과거 교회의 신학자들은 영혼은 하나의 돛단배와 같다고 말했습니다. 성령은 배를 앞으로 나갈 수 있도록 돛에 불어오는 바람입니다. 바람의 움직임, 추진력은 성령의 선물입니다. 성령의 동력 없이, 성령의 은총 없이 우리는 앞으로 나아가지 못합니다. 성령은 살아계신 하느님의 신비로 들어가게 해주고, 영지주의적이고 자기중심적이고, 자신의 울타리에 갇힌 교회의 위험 앞에서 우리를 지켜줍니다. 성령은 우리에게 밖으로 나가 복음의 좋은 삶을 선포하고 증거하고, 신앙의 기쁨과 그리스도와의 만남을 전하기 위해 닫힌 문을 열도록 촉구합니다. 성령은 선교의 영혼입니다. 2천여 년 전 예루살렘에서 벌어졌던 일은 우리로부터 그리 멀리 떨어져 있는 사건이 아닙니다. 그 사건은 우리에게 영향을 미치며, 우리 각자 안에서 살아있는 체험을 유도합니다. 예루살렘의 다락방에서 벌어진 오순절 사건이 그 시작입니다. 시대를 넘어 끊임없이 지속되는 시작입니다. 성령은 부활한 그리스도께서 당신의 제자들에게 내려주신 최상의 선물입니다. 하지만 성령은 그 선물이 모두에게 도달되기를 바라십니다. 오늘 복음에서 들었던 바와 같이, 예수님께서는 "내가 아버지께 청하면, 아버지께서는 다른 보호자를 너희에게 보내시어, 영원히 너희와 함께 있도록 하실 것이다"(요한 14.16)라고 말씀하셨습니다. 파라클리토, 곧 '위로자'는 세상의

거리로 나가서 복음을 전할 용기를 주십니다! 성령은 우리로 하여금 지평선을 바라보게 하고, 예수 그리스도의 삶을 선포하기 위해 우리 존재의 변두리까지 끌고 가십니다. 우리 자신 안에, 우리 그룹 안에 닫힌 채 머물고자 하는지, 또는 선교를 위해 성령께 우리를 개방하려는지 자신에게 물어봅시다. 새로움, 조화, 선교 이 세 단어를 기억하십시오.

오늘 전례는 교회가 예수님과 일치하여 성부께 찬미를 드리고, 성령의 부어짐을 통해 새로워지도록 간청하는 위대한 기도입니다. 아마도 우리들 각자의 모든 단체와 운동은 교회의 조화 안에서 성부를 향해 이 선물을 청할 것입니다. 교회가 태동할 때처럼, 오늘날도 교회는 성모 마리아와 함께 부름을 받았습니다.

"베니, 상테 스피리투스(Veni, Sancte Spiritus)! - 오소서 성령이여, 믿는 이들의 마음을 충만케 하시고, 당신 사랑의 불길로 그들의 마음에 불이 타오르게 하소서!" 아멘.

선교는 비즈니스가 아니다

선교는 비즈니스가 아니다[*]

사랑하는 형제자매 여러분,

나는 이미 어제 여러분을 만나는 기쁨을 누렸습니다. 그리고 주일인 오늘 우리의 축제는 더 커져서 성체성사를 위해 다시 만났습니다. 여러분은 신학생들이자, 예비수도자들로, 세상의 곳곳에서 소명의 길을 찾아 떠나온 젊은이들입니다. 여러분은 교회의 젊은이들을 대표합니다! 교회가 그리스도의 신부라면, 여러분은 의심의 여지없이 약혼의 단계, 소명의 봄날(도약), 발견, 재고, 형성의 시기에 있음을 의미합니다. 이 시기는 미래를 위한 기초를 놓는 참으로 아름다운 시간입니다. 이렇게 여기까지 온 여러분에게 감사합니다.

오늘 우리에게 전해진 하느님의 말씀은 선교(mission)에

---

[*] 2013년 7월 7일, 베드로 대성당에서 봉헌된 신학생과 예비수도자를 위한 미사 강론.

관한 것입니다. 선교는 어디로부터 옵니까? 답은 간단합니다. 선교는 소명으로부터, 주님의 부르심으로부터 옵니다. 주님께서 부르시는 사람은 밖으로 파견하십니다. 파견된 자는 어떻게 살아야 할까요? 무엇이 그리스도교적 파견의 핵심일까요? 우리가 들은 독서는 세 가지를 제안합니다. 위로의 기쁨, 십자가 그리고 기도입니다.

1. 첫 번째 요소는 **위로의 기쁨**입니다. 이사야 예언자는 유배의 어두운 시간을 보내면서 엄혹한 시련을 인내한 백성들에게 말했습니다. 지금 예루살렘을 위한 위로의 시간이 왔다고 말입니다. 슬픔과 두려움은 기쁨에게 자리를 내어주었다고 말입니다. "기뻐하고 … 즐거워하여라"(이사 66,10)라고 예언자는 말합니다. 이것은 기쁨을 위한 엄청난 초대입니다. 왜일까요? 이러한 기쁨에로의 초대의 근거는 무엇일까요? 주님은 거룩한 도시와 그 주민들에게 위로의 '물결', 진심어린 위로의 강물, 어머니의 부드러운 사랑과도 같은 강물이 흘러넘치게 하십니다. "너희는 젖을 빨고 팔에 안겨 다니며 무릎 위에서 귀염을 받으리라"(12절). 어머니가 자기 자식을 무릎 위에 올려놓고 어루만지듯, 주님께서도 우리에게 그렇게 하실 것이고 그렇게 하고 계십니다. 그것이 우리에게 큰 위로를 주는 자애로운 사랑의 강물입니다. "어머니가 제 자식을 위로하듯

내가 너희를 위로하리라. 너희가 예루살렘에서 위로를 받으리라"(13절). 모든 그리스도인 그리고 무엇보다 우리는 평온함과 기쁨을 선사하는 희망의 소식을 전달하는 사람으로 부르심을 받았습니다. 하느님의 위로, 그분의 자애로운 사랑은 모든 사람에게 전해져야 합니다. 그러나 우리 스스로가 먼저 하느님의 위로와 사랑을 받은 체험이 있어야, 우리는 이 소식을 전할 수 있습니다. 하느님의 위로를 느끼고, 그 위로를 다른 사람에게 계속 전달하고, 우리 선교의 풍요로운 결실을 위해서 이러한 체험은 참으로 중요합니다! 나는 가끔 하느님의 위로에 두려움을 느끼면서 살아가는 축성된 사람들과 … 그로 인해 고통을 받는 가난한 사람들을 만납니다. 그들은 하느님의 자애로운 사랑에 두려움을 갖기 때문입니다. 두려워하지 마라, 두려워하지 마라, 말씀하시는 주님은 위로의 주님이시고 자애로운 사랑의 주님이십니다. 아버지이신 주님은 어머니가 자기 자식을 자애롭게 돌보듯 그렇게 돌보신다고 말씀하십니다. 주님의 위로 앞에 두려워하지 마십시오. 이사야 예언자의 "위로하여라, 위로하여라 나의 백성을"(이사 40,1)이라는 요청은 우리 마음에서 울림을 일으키고, 그것이 전해져야 합니다. 우리는 위로를 주시는 주님을 찾아야 합니다. 그리고 나서 하느님 백성에게 위로를 전하러 가야 합니다. 이것이 선교입니다. 확실히 오늘날 사람들은 말씀을 필요로 합니다. 그러나 그들은 무엇보다 주님의 자비와 자애로운 사랑에 대한 우리의 증거를 필요로 합니다. 그것은 사람들의 마음을 따뜻하게 하고 희망을 일깨우며 선을 행하는 것입니다. 그러한 기쁨은 다른 사람들에게 위로를 가져오게 할 것입니다!

2. 선교의 두 번째 핵심은 **그리스도의 십자가**입니다. 성 바오로 사도는 갈라티아 신자들에게 보낸 편지에서 이렇게 쓰고 있습니다. "나는 우리 주 예수 그리스도의 십자가 외에는 어떠한 것도 자랑하고 싶지 않습니다"(갈라 6,14). 바오로 사도는 '예수님의 상징'에 대해 말하고 있습니다. 그것은 다른 사람과 구별되는 복음의 사도로서 살아가는 그의 삶을 특징짓는 표시인 십자가에 못 박힌 주님의 상처입니다. 자신의 직무를 수행하면서 바오로 사도는 고난, 약함 그리고 패배를 경험했습니다. 하지만 또한 기쁨과 위로도 받았습니다. 그것이 예수님 파스카 신비, 곧 죽음과 부활의 신비입니다. 주님의 죽음을 자신 안에 받아들여 구체화시킴으로써 바오로 사도는 예수님의 부활과 그분의 승리에 참여할 수 있었습니다. 어둠의 시간, 시련의 시간 속에 이미 구원의 빛은 빛나고 작용하고 있습니다. 파스카 신비는 교회 선교의 살아있는 심장입니다! 우리가 이 신비에 머문다면, 우리는 세속적이고, 개선주의적인 선교의 관점뿐만 아니라, 시련과 실패에서 오는 좌절도 극복하게

됩니다. 사목적 결실, 복음선포의 열매는 인간적 요소에 따른 성공과 실패에 달려 있는 것이 아니라, 자신으로부터 나와 자신을 내어주는 논리인 예수님 십자가의 논리, 곧 사랑의 논리에 달려 있습니다. 십자가는 항상 그리스도와 함께 존재합니다. 왜냐하면 가끔 우리는 그리스도 없는 십자가를 제안받기 때문입니다. 그래서는 안 될 일입니다. 십자가는 항상 그리스도와 함께 하는 십자가이고, 그것이 우리 선교의 열매를 보증할 것입니다. 그리고 자비와 사랑의 최상의 행동인 십자가로부터 "새 창조"(갈라 6,15)로서 우리는 다시 태어나게 됩니다.

3. 마침내 세 번째 요소인 **기도**입니다. 우리는 오늘 복음에서 이런 말씀을 들었습니다. "그러니 수확할 밭의 주인님께 일꾼들을 보내 주십사고 청하여라"(루카 10,2). 추수를 위한 노동자들은 일꾼모집 캠페인 또는 자원봉사 요청을 통해 선발되는 것이 아니라, 하느님에 의해 '선발'되고 '파견'됩니다. 뽑으시고, 보내시는 하느님께서 선교의 사명을 부과하십니다. 따라서 기도가 중요합니다. 베네딕토 16세께서 우리에게 반복해서 말씀하신 바와 같이, 교회는 우리가 아니라 하느님에게 속합니다. 우리 축성된 사람들은 얼마나 자주 교회는 우리의 것이라고 생각하나요! 우리가 교회를 만듭니다 …. 우리 마음 안에 있는 어떤 모습으로 교회를 만듭니다. 그러나 교회는

우리에게 속하지 않습니다. 교회는 하느님께 속합니다. 농사를 짓는 땅은 그분의 것입니다. 그래서 파견은 무엇보다 은총입니다. 그리고 사도가 기도의 열매라면, 그는 기도 안에서 자신의 행동을 위한 빛과 힘을 찾게 될 것입니다. 우리의 파견은 열매를 맺지 못할 수 있습니다. 정말 파견의 원천, 주님과의 연결이 끊어지면 우리의 선교는 효력을 잃게 됩니다.

사랑하는 신학생, 사랑하는 수련자, 성소의 길에 있는 사랑하는 젊은이 여러분, 여러분 가운데 어떤 분이 최근에 "복음화는 무릎을 꿇으면서 하는 것이지요"(evangeliser, on le fait à genoux)라고 저에게 말했습니다. "복음화는 무릎을 꿇으면서 하는 것"이라는 그 말 잘 들었습니다. 항상 [무릎을 꿇고] 기도하는 사람이 되십시오! 하느님과의 지속적인 관계 없는 선교는 사업(비즈니스)입니다. 하지만 여러분은 무엇으로 일을 합니까? 재단사로서, 요리사로서, 사제로서. 여러분의 직업은 사제, 수도자입니까? 아닙니다. 그것은 직업이 아닙니다. 직업 이상의 그 어떤 것입니다. 활동중심의 위험, 조직에 대한 지나친 신뢰의 위험은 항상 우리에게 잠재하고 있습니다. 우리가 예수님을 바라보면, 그분께서는 모든 중요한 결정 또는 사건을 앞둔 전날 밤 오랜 시간 집중적으로 기도하셨던 것을 보게 됩니다. 우리가 관상의 차원으로 들어갈 수록 가장 긴급하고 어려운 의무의 소용돌이로 빠져듭니다. 실존의 경계까지 가라는 선교의 소명이 더 커지면 커질수록, 여러분의 마음은 자비와 사랑으로 충만한 그리스도의 마음과 더욱 더 일치하게 됩니다. 여기에 사목적 열매의 비밀이 있습니다. 여기에 주님의 제자가 된 열매의 결실이 있습니다!

예수님께서는 "돈주머니도 여행 보따리도 신발도"(루카 10,4) 없이 당신의 제자들을 파견하셨습니다. 복음의 확장은 사람의 숫자도 아니고, 버젓한 제도도 아니고, 쓸 수 있는 자원이 많은 것에 의해서 보장되는 것이 아닙니다. 이를 수행하기 위해 중요한 것은, 그리스도의 사랑으로 물들어 존재하는 것, 성령의 이끄심에 자신을 맡기는 것 그리고 생명의 나무, 주님의 십자가에 자신의 삶을 접목시키는 것입니다.

사랑하는 젊은 친구 여러분, 나는 더욱 더 큰 확신을 가지고 성모 마리아의 중재에 여러분을 맡깁니다. 그분은 인생의 중요한 결정을 내릴 때 자유롭고 두려움 없이 판단할 수 있도록 우리를 도우시는 어머니이십니다. 하느님 위로의 기쁨을 전하는 책임을 맡도록, 그리고 기쁨 앞에서 두려움을 갖지 않도록 성모님께서 여러분을 도우실 것입니다. 성모님께서는 여러분이 십자가의 논리에 따라 살아가고, 기도 안에서 항상 주님과 깊이 일치하면서 성숙하도록 도와주실 것입니다. 그래서 여러분의 삶은 알차고 풍요로워질 것입니다! 아멘.

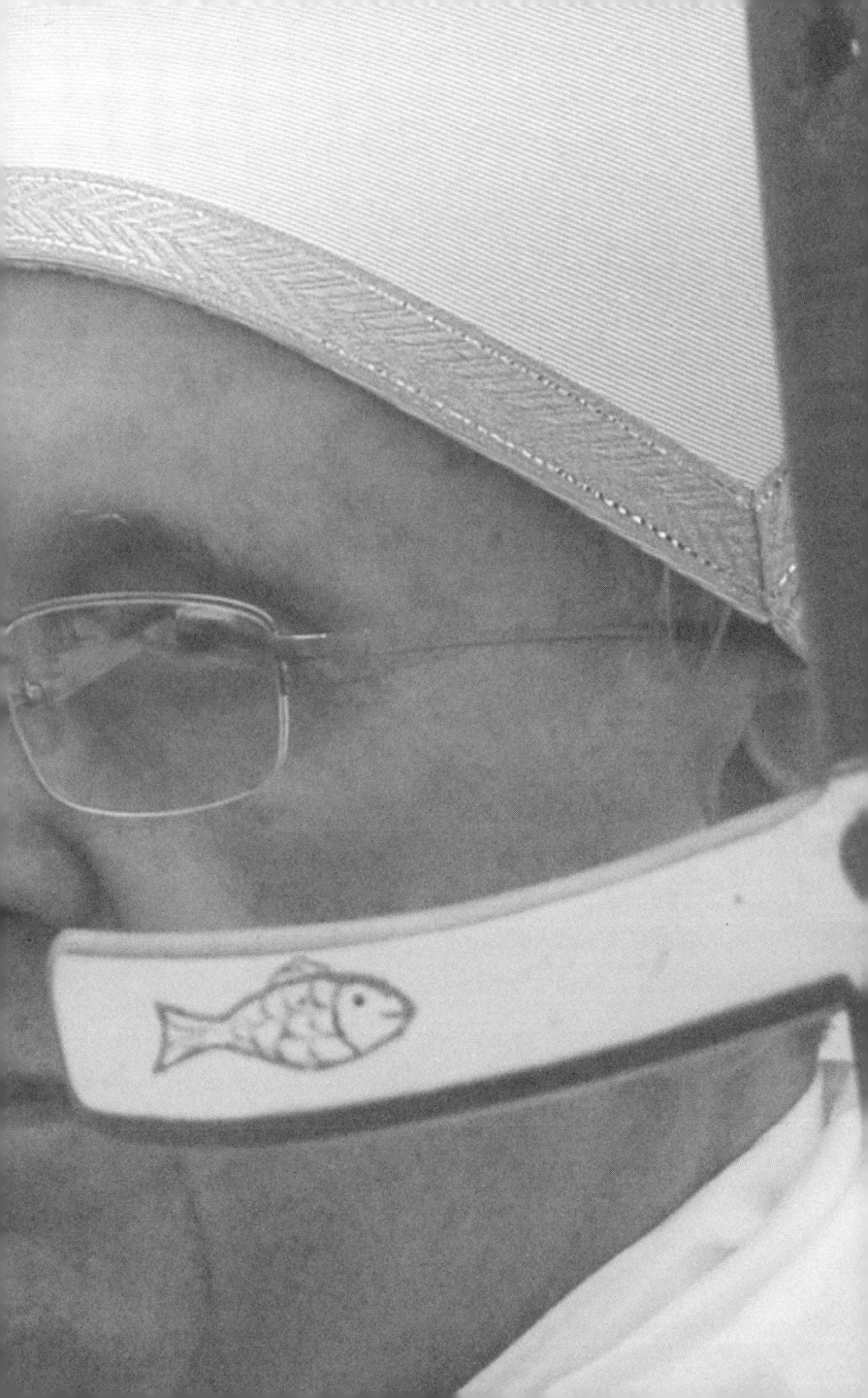

람페두사 - 무관심의 세계화

람페두사 - 무관심의 세계화[*]

이주자들이 바다에서 죽어가고 있다. 희망의 배가 죽음의 배가 되어 버리다. 일간지 신문들의 머리기사는 이렇게 적혀 있었습니다.

몇 주 전 이 비극적인 뉴스를 처음 들었습니다. 게다가 이런 일이 자주 벌어진다는 것을 알고는 마치 심장이 가시에 찔리는 듯한 아픔을 느꼈습니다. 그래서 제가 여기 와서 기도를 하고 여러분과 가까이 있다는 징표를 보여 주어야겠다고 생각했습니다. 또한 그러한 비극이 다시 일어나지 않도록 우리 양심을 흔들어 깨우고 싶습니다. 제발 그러한 비극이 일어나지 않도록 합시다! 우선 여러분에게 진심어린 감사와 격려의 인사를 드립니다. 람페두사와 리노사의 주민과 여러 단체들, 자원봉사자들과 안전요원들 등, 여러분들은 보다 나은 삶을

---

[*] 2013년 7월 8일, 람페두사 난민 방문 미사 강론.

위해 주의를 기울였었고, 계속 보여주고 있습니다. 여러분은 작은 공동체입니다. 하지만 여러분은 연대의 모범을 보여주고 있습니다! 감사합니다. 또한 여러분들에게 도움과 수고, 사목적 관심을 베푼 프란치스코 몬테니그로 대주교에게도 감사드립니다. 이곳 시장이신 지우시 니콜리니 여사에게도 진심의 인사를 드립니다. 시장님이 하셨던 일에 진심으로 감사드립니다. 또한 오늘밤 라마단 단식을 시작하는 소중한 무슬림 이주민들을 생각합니다. 여러분들이 풍성한 영성적 열매를 맺기를 기원합니다. 교회는 여러분과 여러분의 가족이 존귀한 삶을 찾는데 가까이 있습니다. 여러분을 위하여!

오늘 아침 우리가 들었던 하느님 말씀의 빛에서 몇 개의 구절을 묵상하고자 합니다. 무엇보다 우리 모두의 양심을 건드리고, 우리의 성찰과 마음의 구체적인 변화를 이끌 내용들입니다.

"아담아, 너 어디에 있느냐?" 하느님께서 죄에 떨어진 인간에게 던지시는 첫 번째 물음입니다. "너 어디에 있느냐, 아담아?" 아담은 창조된 세상에서 자신의 자리를 잃어버려 지향점을 잃은 사람입니다. 왜냐하면 그는 권력을 잡을 수 있고, 모든 것을 지배할 수 있고 마침내 하느님이 될 수 있다고 믿었기 때문입니다. 인간이 잘못된 길을 감으로써 조화는 깨졌습니다. 그리고 이것은 타인의 관계에서도 반복되었습니다. '타인'은 더 이상 사랑하는 형제자매가 아니라, 나의 삶과, 나의 행복을 방해하는 그저 단순한 타인입니다. 하느님께서는 두 번째 물음을 던지십니다. "카인아, 네 아우는 어디에 있느냐?" 힘을 갖는 것, 하느님처럼 위대해지는 것, 아무튼 하느님이 되는 꿈은 실수의 연속이고, 죄의 사슬로 이끌며, 마침내 형제의 피를 흘리게 합니다!

하느님의 이 두 물음은 오늘날 우리 모두에게 강한 울림을 줍니다! 나를 포함해서 우리 중에 많은 이들은 지향점 없이 존재합니다. 우리는 우리가 살아가고 보호해야 할 세상에 대해 더 이상 관심을 두지 않습니다. 그리고 우리는 하느님께서 모두를 위해 창조하셨던 것을 지키려하지 않습니다. 우리는 한번 더 서로서로 돌보려하지 않습니다. 이러한 휴머니즘적 지향상실이 전 세계적 차원으로 확대되면, 우리가 경험했었던 모든 비극들이 나타납니다.

"너의 형제가 어디 있느냐?" 그의 피가 나에게 소리친다고 하느님께서 말씀하십니다. 이것은 타인을 향한 물음이 아닙니다. 이것은 나에게, 여러분에게 그리고 우리 모두에게 던지는 물음입니다. 우리 가운데 이 형제자매들은 어떤 안전과 평화를 찾기 위해 이 곤경을 탈출하려고 애썼습니다. 그들은 자신과 가족을 위해 좀더 나은 곳을 찾아 나섰습니다. 하지만 그들이 발견한 것은 죽음이었습니다. 얼마나 자주 그들이 이해받기에 실패하고, 받아들여지기를 거부당하고, 연대를 찾는 데 실패하였을까요! 그들의 외침은 하느님에게까지 올라갔습니다! 나는 다시 한 번 람페두사 주민 여러분이 보여주신 연대에 감사드립니다. 최근 나는 이 형제들 가운데 한 분에게서 이야기를 들었습니다. 그들이 여기 오기 전에 인신매매상들의 손을 거쳤다고 합니다. 인신매매상은 타인의 가난을 이용하는 사람들입니다. 이러한 사람들에게 타인의 가난은 자신들 수입의 원천입니다. 얼마만큼 그들이 고통을 받아야 했던가요! 또 그들 중의 얼마는 이곳에 와보지도 못했습니다.

"너의 형제가 어디에 있느냐?" 누가 이 피에 책임이 있을까요? 스페인 문학에 로페 데 베가의 희극이 있습니다. 거기서 푸엔테 오베후나 도시의 주민들이 전제군주인 장군을 어떻게 죽이는지 이야기해주고 있습니다. 이 사건은 누가 그를 죽였는지 알려주지 않았습니다. 왕의 심판관은 "누가 장군을 죽였냐?"라고 물었습니다. 그러자 주민 모두는 "푸엔테 오베후나입니다, 각하"라고 답했습니다. 모두는 아무도 아닙니다! 또한 오늘도 이 물음을 진지하게 던져봅니다. 누가 이 형제자매들의 피에 대해 책임이 있는가? 아무도 없다. 우리 모두는 이렇게 답합니다. 나는 책임이 없다. 나는 아무것도 하지 않았다. 다른 누군가가 했을 것이다. 확실히 나는 아니다. 하지만 하느님께서는 우리 모두에게 물으십니다. "그들의 피가 나에게 소리치고 있다. 네 형제가 어디 있느냐?" 오늘 이 세상에서 아무도 그것에 대해 책임을 지지 않습니다. 우리는 형제적 책임의 의미를 상실했습니다. 우리는 예수님께서 비유로 말씀하신 착한 사마리아인의 비유에 나오는 사제와 레위지파의 위선적인 모습으로 떨어졌습니다. 우리는 해변에서 반쯤 죽어있는 형제들을 봅니다. 우리는 "아, 불쌍한 사람" 이렇게 생각하고, 그것은 우리 일이 아니라면서 우리의 길을 계속 갑니다. 그렇게 우리 자신을 스스로 안심시키고 평온을 느낍니다. 오직 우리 자신만을 생각하게 만드는 안락함의 문화는 타자의 외침을 느끼지 못하게 만듭니다. 그 안락함의 문화는 우리를 비누거품 속에 살게 만듭니다. 그것은 아름답습니다. 그러나 그것은 비누거품처럼 아무것도 아닙니다. 그것은 존재하지 않는 것, 덧없는 망상입니다. 그것은 타자에 대한 무관심, 정말 무관심의 세계화로 이끕니다. 세계화된 세상에서 우리는 무관심의 세계화로 빠져버렸습니다. 우리는 타자의 고통에 익숙해졌습니다. 그 고통은 나와 무관해졌습니다. 그것은 이제 나의 관심사가 아닙니다. 그것은 이제 내일이 아닙니다.

여기서 우리는 만쪼니의 인물, '이름 없는 사람'을 생각할 수 있습니다. 무관심의 세계화는 우리 모두를 "이름 없는 사람", 이름 없고 얼굴 없는 책임으로 이끌고 있습니다.

"아담아, 너는 어디 있느냐?", "네 형제는 어디에 있느냐?"는 인류 역사의 처음부터 하느님께서 던지시는 물음이고, 우리 시대의 모든 인간과, 또 지금 우리를 향해 던지는 물음이십니다. 여기에 나는 세 번째 물음 하나를 더 추가하고 싶습니다. "우리 중에 누가 이 상황을 두고 이들과 함께 울어 주고 있습니까?" 누가 이 형제자매들의 죽음을 두고 울고 있습니까? 누가 보트를 타야 했던 이들을 위해 울고 있습니까? 자식을 돌보는 젊은 엄마를 위해서? 가족을 부양하기 위해 무언가를 꿈꾸었던 남자들을 위해서? 우리는 타인의 고통에 함께 슬퍼하는 울음과 연민(compassion)의 경험을 상실한 사회에서 살아갑니다. 무관심의 세계화는 우리에게서 우는 능력을 빼앗아갔습니다! 복음에서 우리는 외침, 울음, 애끓는 통곡을 들었습니다. "라헬이 자식들을 잃고 운다. 자식들이 없으니 …"(마태 2,18). 헤로데는 자신의 안위를 지키기 위해, 자신의 비누거품을 위해 죽음의 피를 뿌렸습니다. 그런데 그 일은 지금도 계속되고 있습니다 …. 우리 마음속에 여전히 남아 있는 헤로데의 것들을 지울 수 있도록, 주님께 기도합시다. 우리의 무관심에 대해 울 수 있고, 이 세상과 우리 그리고 또한 자신을 숨긴 채 익명으로 사회경제적인 결정을 내리면서 이와 같은 비극의 길을 열게 만드는 사람들이 지닌 무자비함에 대해 울 수 있는 은총을 청합시다. "누가 울고 있습니까?" 누가 오늘 이 세상에서 울고 있습니까?

주님, 우리의 회개를 위한 이 미사에서 저희가 많은 형제자매들에 대해 무관심했던 것에 대한 용서를 청합니다. 아버지, 자기만족과 자신만의 행복에 갇혀 있었고, 마음의 문을 닫아버렸던 이들에 대해 용서를 청합니다. 자신들의 결정이 세계적 차원에서 이러한 비극으로 이끈 상황을 만든 모든 사람들을 위해 용서를 청합니다. 우리를 용서하소서, 주님!

주님, 오늘 저희는 당신이 주신 물음을 들었습니다. "아담아, 너 어디에 있느냐?" "네 형제의 흘린 피가 어디에 있느냐?"

희망을 도둑맞지 않도록 하십시오

희망을 도둑맞지 않도록 하십시오*

사랑하는 형제자매 여러분!

제2차 바티칸공의회는 '교회헌장'(Lumen Gentium)의 마지막 부분에서 가장 복되신 동정녀 마리아에 대한 이루 말할 수 없이 아름다운 묵상(meditation)을 남겨 놓았습니다. 저는 오늘 우리가 기념하는 이 신비와 관련한 진술을 살펴보고자 합니다. "원죄의 온갖 더러움에 물들지 않으시어 티 없이 깨끗하신 동정녀께서는 지상 생활의 여정을 마치시고 육신과 영혼이 하늘의 영광으로 올림을 받으시고, 주님께 천지의 모후로 들어 높여지셨다"(59항). 그리고 헌장의 마지막 부분에 가서 그 의미를 말해줍니다. "예수님의 어머니께서는 어느 모로든 하늘에서 영혼과 육신으로 이미 영광을 받으시어 내세에 완성될 교회의 표상이 되시고 그 시작이 되시는

---

* 2013년 8월 15일, 카스텔 간돌포에서 봉헌된 성모승천대축일 미사 강론.

것처럼, 이 지상에서 주님의 날이 올 때까지 순례하는 하느님 백성에게 확실한 희망과 위로의 표지로서 빛나고 계신다"(68항). 우리 성모님의 아름다운 형상의 빛 안에서, 우리는 방금 들었던 성경의 메시지를 숙고할 수 있습니다.

묵시록의 단락은 여인과 용의 **싸움**의 환시를 보여줍니다. 교회를 나타내는 여인의 형상은 한편으로는 영광스럽고 큰 승리를 얻은 듯 보이지만, 다른 한편으로는 여전히 해산의 진통과 괴로움에 놓여 있습니다. 교회의 모습이 바로 이와 같습니다. 교회가 천상에서 이미 주님의 영광에 참여하고 있을 지라도, 교회는 역사 안에서 부단히 하느님과 악, 옛날부터 내려 온 적과의 싸움에서 있었던 시험과 도전을 받아왔습니다. 예수님의 제자들이 맞부딪히는 이 싸움에서, 우리 모두 그리스도의 제자로서 이 싸움을 받아들여야 합니다. 성모 마리아께서는 이 싸움에서 제자들을 홀로 두시지 않습니다. 그리스도의 어머니, 교회의 어머니께서는 항상 우리 곁에 계십니다. 성모님께서는 항상 우리와 동행하시며 우리 곁에 계십니다. 확실히 성모 마리아께서는 이러한 이중의 처지에 계십니다. 성모님께서는 이미 최종적으로 천상의 영광에 들어가셨습니다. 하지만 그것은 성모님께서 우리와 멀리 떨어져 계시다는 것을 의미하지는 않습니다. 오히려 성모 마리아께서는 우리를 인도해주시고, 우리 편에서 싸워주고 계십니다. 성모님께서는 악의 세력과 싸우는 그리스도인들을 든든하게 후원해주고 계십니다. 성모 마리아와 함께 하는 기도, 특히 로사리오(장미의 월계관)인 묵주의 기도를 매일 드리십니까? 〔그러자 신자들이 "네!"라고 외쳤다〕 글쎄요, 저는 잘 모르겠어요…. 정말입니까? 그래요. 좋습니다. 성모 마리아와 함께 하는 기도, 특히 로사리오 기도는 또한 '고통'의 '투쟁적' 차원을 갖고 있습니다. 묵주기도는 악과 그에 동조하는 공범자들에 저항하는 싸움터에서 우리를 응원하는 기도입니다. 묵주기도는 그 싸움터에서 우리를 후원합니다!

제2독서는 우리에게 **부활**에 대해 말하고 있습니다. 사도 바오로는 코린토인들에게 보내는 편지에서, 그리스도인으로 존재한다는 것은 그리스도가 참으로 죽은 이들 가운데서 부활하셨다는 것을 믿는 것이라고 강조합니다. 우리 모두의 신앙은 이념이 아니라, 사건에 있다는 근본적인 진리에 근거합니다. 몸과 영혼 모두를 취한 성모승천의 신비는 온전히 그리스도의 부활에 깊이 새겨져 있습니다. 성모님의 인간미는 아드님에 의해 그분의 죽음에서 생명의 길 안으로 이를테면 '깊숙이 끌려가' 있습니다. 예수님께서는 온전한 인성을 지니시고 최종적으로 영원한 생명으로 들어가셨습니다. 예수님의 인성은 성모님으로부터 얻으신 것입니다. 그래서 성모 마리아께서는 당신의 온 삶을 통해 마음을 다해 아드님 예수님을 따르셨고, 아드님과 함께 우리가 천상으로 부르는 낙원, 하느님의 집, 영원한 생명으로 들어가셨습니다.

성모 마리아께서는 마음의 순교, 영혼의 순교인 십자가의 순교를 알고 계셨습니다. 마리아께서는 예수님께서 십자가에 달리셔서 고통을 당하실 때, 영혼의 깊은 곳으로부터 아파하셨습니다. 성모님께서는 아드님의 고난의 여정을 당신의 마음 안에 받아 들여 철저하게 인내하셨습니다. 성모님께서는 온전히 아드님의 죽음과 일치하시고 부활을 선사받으셨습니다. 그리스도께서는 부활한 이들의 첫째이시고, 마리아께서는 구원받은 이들의 첫째, 곧 "그리스도에 속한 이들" 가운데 첫째이십니다. 마리아께서는 우리의 어머니이십니다. 하지만 우리는 또한 그분을 우리의 대리자라고 말할 수 있습니다. 즉 성모님은 우리의 어머니이시자, 우리의 첫 번째 자매이시고, 천상에 있는 구원된 이들의 첫째이십니다.

오늘 복음은 우리에게 세 번째 단어를 제안합니다. 희망입니다. 희망은 투쟁을 체험하는 이들, 곧 삶과 죽음, 선과 악 사이를 오가는 전쟁 같은 일상에서 그리스도의 부활, 사랑의 승리를 믿는 이들의 덕목입니다. 우리는 마리아의 노래, **마니피캇**(Magnificat)을 들었습니다. 이 노래는 희망의 노래입니다. 역사 속에서 순례하는 하느님 백성의 노래입니다. 그래서 이 노래는 많은 성인들의 노래입니다. 그 분들은 몇몇 이름이 알려진 분들도 있지만, 대부분 이름이 알려지지 않은, 그러나 하느님께서는 이미 알고 계신 성인들이십니다. 어머니들, 아버지들, 교리교사들, 선교사들, 신부님들, 수녀님들, 젊은이들, 심지어 어린이들, 할아버지들과 할머니들, 이 분들은 삶의 전쟁터에 배치되었습니다. 이 이름 없는 성인들은 그들의 마음 안에 소수자와 비천한 이들의 희망을 담아 두었습니다. 마리아께서는 이렇게 말씀하십니다. "내 영혼이 주님을 찬양합니다." 오늘, 교회도 세상의 곳곳에서 이 노래를 부릅니다. 이 노래는 특히 그리스도의 몸이 오늘날 고난을 받으시는 곳에서 강력한 힘이 있습니다. 십자가 있는 곳에, 또한 우리 그리스도인을 위한 희망이 있습니다. 만약 십자가에 희망이 없다면, 우리는 그리스도인이 아닙니다. 그래서 이렇게 말하고 싶습니다. 희망을 도둑맞지 않도록 하십시오! 희망을 도둑맞지 않는 것, 이 힘은 은총이고, 우리가 하늘을 향하면서 앞으로 나아가게 하는 하느님의 선물입니다! 마리아께서는 항상 고통 받는 공동체, 아픔 속에 있는 우리 형제자매들 가까이 계시면서 그들과 함께 걸어가십니다. 그리고 그들과 함께 고통을 나누시고 그들과 희망의 마니피캇을 부르십니다.

 사랑하는 형제자매 여러분, 우리는 온 마음으로 이 인내와 승리의 노래, 투쟁과 기쁨의 노래 안에서 일치합니다. - 이 노래 안에서 승리하는 교회는 순례하는 교회와 우리와 일치하고, 땅은 하늘과 일치합니다. 그러한 일치는 우리의 역사가 영원을 향해 순례하도록 이끌어줍니다. 그대로 이루어지길. 아멘.

가난에 대한 사랑과
가난한 그리스도 본뜨기

가난에 대한 사랑과
가난한 그리스도 본뜨기*

"아버지, 하늘과 땅의 주님, 지혜롭다는 자들과 슬기롭다는 자들에게는 이것을 감추시고 철부지들에게는 드러내 보이시니, 아버지께 감사드립니다"(마태 11,25).

주님의 평화와 선이 여러분 모두에게 내리시길 빕니다! 프란치스코 성인의 평화의 인사를 빌어 이 유서 깊고 신앙의 정신이 충만한 광장에서 함께 기도하기 위해 모인 여러분에게 감사의 인사를 전합니다.

오늘 저도 이곳을 찾는 수많은 순례자들과 함께, 하느님 아버지께서 오늘 복음에서 말씀하신 것처럼 '작은 이들' 중의

---

* 2013년 10월 4일, 아씨시의 프란치스코 광장에서 봉헌된 아씨시 사목방문 미사 강론.

한 사람에게 계시하려 하셨던 모든 것에 찬미를 드리려 여기 왔습니다. 그 작은 이들 중의 한 사람은 아씨시의 부유한 상인의 아들 프란치스코 성인이었습니다. 예수님과의 만남은 프란치스코 성인으로 하여금 '가난이라는 여인'을 아내로 맞이하고 천상 성부의 참된 아들로서 살아가기 위해, 편안하고 아무 걱정 없는 삶을 벗어 던지게 만들었습니다. 프란치스코 성인의 이러한 선택은 그리스도를 닮는 근본적(radical) 형태입니다. 예수 그리스도께서는 부유하셨지만 가난하게 되어, 그 가난을 통해 우리를 부유하게 되도록 하셨습니다(2코린 8,9 참조). 프란치스코 성인도 그리스도의 모범을 따라 풍요가 주는 안락함을 버리고 가난이라는 그리스도의 옷으로 갈아입었습니다. 프란치스코 성인의 전 생애에서 **가난에 대한 사랑과 가난한 그리스도 본뜨기**는 서로 분리할 수 없이 서로 연결된 요소입니다. 마치 동전의 양면과 같은 것입니다.

프란치스코 성인이 오늘 우리에게 무엇을 증거하고 있을까요? 그분이 우리에게 말씀하려는 것은 무엇일까요? 아주 단순합니다. 말이 아니라 그분의 삶이 아닐까요?

1. 프란치스코 성인이 우리에게 증언하려는 첫 번째 핵심은 이렇습니다. 즉 그리스도인은 예수님의 인격과 살아있는 관계

를 맺고, 그분의 옷으로 갈아입어 그분을 닮으려는 존재입니다.

그리스도를 향한 프란치스코 성인의 여정은 어디에서 시작하였을까요? 프란치스코 성인의 길은 십자가에 달리신 예수님을 바라보는 것에서 출발합니다. 예수님께서 우리를 위해 당신의 목숨을 던지시며 우리를 당신께 이끄셨던 그 순간들을 바라보는 것 말입니다. 프란치스코 성인은 아주 특별한 방식으로 산 다미아노의 작은 교회에서 이러한 경험을 했습니다. 제가 오늘 공경하는 그 십자가상 아래서 기도할 때의 일이었습니다. 십자가상의 예수님은 돌아가신 것이 아니라, 살아계셨습니다! 손과 발 그리고 옆구리의 상처로부터 피가 흘렀지만, 그 피는 생명을 드러내고 있었습니다. 예수님은 눈을 감지 않고 뜨고 계셨습니다. 그것도 눈을 뜨고, 마음을 향하여 말씀하고 계셨습니다. 십자가에 달리신 분은 우리에게 패배와 실패에 대해 말씀하지 않으십니다. 역설적이지만 예수님은 생명인 죽음, 생명을 가져오는 죽음에 대해 말씀하십니다. 인간이 되신 하느님의 사랑에 대해 말씀하십니다. 이 사랑은 죽지 않습니다. 결코 악이나 죽음이 이 사랑을 이기지 못합니다. 십자가에 달리신 예수님을 바라보는 사람은, 새롭게 태어나, '새로운 피조물'이 됩니다. 이것이 모든 것의 출발점입니다. 이것이 변화시키는 은총의 체험입니다. 비록 죄인이라

하더라도, 별다른 수고 없이 사랑받는 존재의 체험입니다. 그래서 성 바오로와 같이 프란치스코 성인도 다음과 같이 말할 수 있습니다. "나는 우리 주 예수 그리스도의 십자가 외에는 어떠한 것도 자랑하고 싶지 않습니다"(갈라 6,14).

프란치스코 성인이시여, 당신께 의지하며 청합니다. 우리가 십자가에 달리신 분 앞에 머물고, 그분을 바라보고, 그분의 사랑에 용서를 청하며 새롭게 태어날 수 있도록 가르침을 주소서.

2. 오늘 복음에서 들은 말씀입니다. "고생하며 무거운 짐을 진 너희는 모두 나에게 오너라. 내가 너희에게 안식을 주겠다. 나는 마음이 온유하고 겸손하니 내 멍에를 메고 나에게 배워라. 그러면 너희가 안식을 얻을 것이다"(마태 11,28,29).

이것이 프란치스코 성인이 우리에게 증거하는 두 번째 핵심입니다. 즉 그리스도를 따르는 사람은, 세상의 것이 아닌 예수님께서 주시는 참된 평화를 받아들입니다. 많은 사람들이 프란치스코 성인을 생각할 때면 평화와 연결해서 생각합니다. 바람직한 생각입니다. 하지만 소수의 사람들만이 더 깊은 평화의 차원으로 들어갑니다. 프란치스코 성인이 받아들여

살았고 우리에게 전해주었던 평화는 무엇인가요? 그것은 가장 위대한 사랑의 길, 곧 십자가의 길을 받아들였던 그리스도의 평화입니다. 그것은 부활하신 예수님께서 당신의 제자들 가운데에 나타나신 뒤 그들에게 선사하셨던 평화입니다(요한 20,19.20 참조).

프란치스코의 평화는 달콤한 감미료가 아닙니다. 천만에요. 달콤한 프란치스코의 평화는 없습니다! 또 그 평화는 우주의 에너지와 범신론적 조화를 이루는 그 어떤 것도 아닙니다…. 그것 역시 프란치스코답지 않습니다. 그것은 프란치스코의 생각이 아니고, 몇몇 사람들이 만들어냈던 관념입니다! 프란치스코 성인의 평화는 그리스도의 평화입니다. 이 평화를 찾으십시오. 평화를 추구하는 사람들은 '그리스도의 멍에를 멘', 즉 주님이 우리를 사랑하신 것처럼 서로 사랑하라는 그분의 계명을 따릅니다(요한 13,34; 15,12 참조). 교만하고 불손하거나 자만심이 있는 사람은 이 멍에를 지고 갈 수 없습니다. 오히려 온유하고 겸손한 사람만이 이 멍에를 지고 갈 수 있습니다.

프란치스코 성인이시여, 당신께 의지하며 청합니다. 하느님 안에 모든 평화의 원천이 있고, 주 예수님께서 우리에게 보내주신 평화, 그 '평화의 도구'가 될 수 있도록 가르침을 주소서.

3. 프란치스코 성인은 그의 태양의 찬가를 이렇게 시작합니다. "지극히 높으시고 전능하시며 자비하신 주님 … 주님의 모든 피조물과 함께 … 당신을 찬미합니다"(FF. 1820). 모든 피조물을 향한 사랑, 그 피조물의 조화를 위한 사랑에 대한 찬미입니다. 아씨시의 성인은 - 하느님께서 피조물에 대해 그렇게 하셨듯이 - 피조물을 교묘히 이용하거나, 파괴하지 않고, 하느님께서 창조하셨던 모든 피조물에 대해 경의를 표했습니다. 그것은 하느님께서 세상을 창조하셨던 것처럼, 보다 더 아름답고 보다 더 많이 하느님께 가까워지도록 피조물의 성장을 돕는 일이었습니다. 무엇보다, 프란치스코 성인은 모든 인간에 대한 보편적인 관심, 곧 우리 모두는 우리의 이웃을 지키기 위해 부르심을 받았다고 증거했습니다. 인간은 자신이 만든 우상의 도구가 아니라, 창조주 하느님이 무엇인가를 하시고자 원하는 창조의 중심으로 서 있습니다! 그것은 조화와 평화입니다. 프란치스코 성인은 조화와 평화의 인간이었습니다. 이 '평화의 도시'로부터 나는 사랑의 힘과 온유함을 되풀이 하고자 합니다. 우리는 피조물을 존중하고, 우리 자신이 파괴의 도구가 되어서는 안 됩니다! 모든 사람을 존중하십시오. 세상을 피로 물들이는 전쟁을 멈추십시오. 우리가 전쟁

에 침묵하면 세상 곳곳에서 미움이 사랑을, 모욕은 용서를, 불화는 일치를 피해갑니다! 우리는 프란치스코 성인이 그토록 사랑했던 거룩한 땅에서, 시리아에서, 전 중동지역에서, 온 세계에서 벌어지는 폭력과 테러 또는 전쟁으로 인해 울부짖고 고통 받으며 죽어가는 이들의 외침을 들어야 합니다.

프란치스코 성인이시여, 당신께 의지하며 청합니다. 우리가 사는 이 세상에 조화, 평화 그리고 피조물에 대한 존중이 지배하는 은총을 하느님으로부터 얻을 수 있도록 도와주소서.

마지막으로 오늘은 이탈리아에서 성 프란치스코를 수호성인으로 기념하는 축일이라는 것을 기억합니다. 여기 모인 모든 이탈리아인들과 정부 지도자들에게 축하의 인사를 보냅니다. 올해는 움브리아 지역의 차례가 된 봉헌램프를 위한 전통적인 기름 증정에서 이 축일의 의미를 발견합니다. 모두가 항상 공동선을 위해 일을 하고, 거기에서 우리를 나누기 보다는 더 일치하도록 하는 것을 바라볼 수 있도록, 이탈리아를 위해 기도합시다.

아씨시와 이탈리아 그리고 세상을 위해 성 프란치스코의 기도를 넘겨받아 함께 기도합니다. "주 예수 그리스도, 자비의 아버지께 기도드립니다. 저희의 배은망덕을 보지 마시고, 당신께서 이 도시에 보여주셨던 당신의 넘치는 자비를 항상 간직해주소서. 그래서 당신을 참으로 알고, 당신의 영광스럽고 거룩한 이름을 영원히 찬미하려는 모든 사람의 자리와 가정을 허락하소서. 아멘"(완전의 거울 The Mirror of Perfection 124: FF 1824).

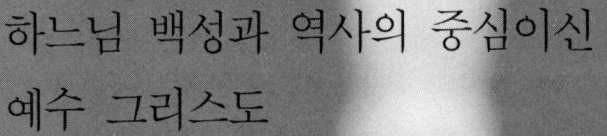

하느님 백성과 역사의 중심이신
예수 그리스도

하느님 백성과 역사의 중심이신 예수 그리스도*

 오늘은 우리 주 예수 그리스도의 축일, 전례력으로 그리스도왕 대축일이고 또한 베네딕토 16세 교황께서 선언하셨던 '신앙의 해'를 마감하는 기념비적인 날입니다. 지금 이 시간에 베네딕토 16세께서 우리에게 주셨던 선물에 대해 진심으로 감사드립니다. 이 신적인 계획(Initiative)으로 베네딕토 16세께서는 세례의 날부터 시작하여 우리를 하느님의 자녀와 교회 안의 형제자매로 만드셨던 것과 같은 모든 신앙의 여정이 주는 아름다움을 다시 발견할 수 있는 기회를 마련해주었습니다. 이 여정은 궁극적인 목표로서 하느님과의 만남을 완성시켜 줍니다. 그 길 위에서 성령은 우리를 정화시켜주고, 우리의

---

* 2013년 11월 24일, 그리스도왕 대축일 성 베드로 광장에서 봉헌된 '신앙의 해' 폐막 미사 강론.

마음이 갈구하는 복락에 들어갈 수 있도록 우리를 드높여 거룩하게 만들어 주십니다.

이 자리에 참석하신 동방 가톨릭교회의 총대주교님들과 지역교회의 대주교님들께도 진심으로 형제의 인사를 드립니다. 제가 여러분과 나누게 될 평화의 인사는 무엇보다 로마 주교의 입장에서 모범적인 믿음으로 그리스도의 이름을 고백하고 종종 값비싼 대가를 치렀던 이 공동체를 위한 인정의 징표이기를 바랍니다.

여러분을 통해 나는 이러한 몸짓으로 거룩한 땅, 시리아와 전 동방 지역에 사는 모든 그리스도인들에게 다가갈 수 있고, 그럼으로써 모든 이들에게 평화와 화합의 선물을 전달하고 싶습니다.

우리에게 선포되었던 성경은 그리스도가 중심이심을 알려 줍니다. 그리스도가 중심에 계시고, 그리스도가 중심이십니다. 그리스도는 창조의 중심이시고, 그리스도는 당신 백성의 중심 그리고 역사의 중심이십니다.

1. 제2독서에서 사도 바오로가 **콜로새 신자들에게 보낸**

편지의 한 대목을 들었습니다. 사도 바오로는 우리에게 예수님 중심성에 대한 심오한 비전을 제공합니다. 바오로는 우리에게 예수님을 **모든 피조물의 맏이로 태어나신 분**이라 소개합니다. 그분 안에서, 그분을 통하여 그리고 그분을 향해 세상 모든 것이 창조되었습니다. 그리스도는 모든 사물의 중심이십니다. 그분께서는 여러분의 원천, 곧 주님이신 예수 그리스도이십니다. 하느님은 그리스도를 통해 모든 이들과 화해하시기 위해, 그분에게 충만, 총체성을 주셨습니다(콜로 1,12-20 참조). 그리스도는 창조의 주님이시고 화해의 주님이십니다.

이러한 표상을 통하여 우리는 예수님께서 창조의 중심이라는 것을 이해할 수 있습니다. 예수님께서 그러하시다면, 참된 신앙인은 이러한 예수 그리스도의 중심성을 인정하고 우리의 삶, 우리의 생각, 우리의 말과 행동 안에서 받아들입니다. 그렇다면 우리의 생각은 그리스도인의 생각이 될 것이고, 우리의 일은 그리스도인의 일이 될 것입니다. 그리고 우리의 말은 그리스도인의 말이 될 것입니다. 하지만 다른 어떤 것으로 이 중심을 대체해 버려 중심을 잃어버린다면, 그로부터 우리 주변의 모든 환경뿐만 아니라 우리 자신도 커다란 해를 입게 될 것입니다.

2. 그리스도는 단지 창조의 중심, 화해의 구심점뿐만 아니라, **하느님 백성의 중심**이시기도 합니다. 그리스도께서는 바로 오늘 여기에서 우리 가운데에 계십니다. 이제 그분께서는 말씀 안에 계시고, 여기 제대 위에 현존하시면서, 우리 하느님 백성 가운데에 살아계십니다. 이스라엘의 모든 지파들이 다윗을 찾아가서, 하느님 앞에 그를 왕으로 세우고 기름을 부었다는 이야기가 오늘 제1독서가 우리에게 보여주는 내용입니다(2사무 5,1-3 참조). 이스라엘 사람들에게 있어 이상적인 왕을 찾아나서는 것은 하느님을 찾아나서는 것과 같습니다. 그들이 찾는 하느님은 그들에게 가까이 계시고, 그들의 여정에 함께 동반해 주시고, 그들에게 형제가 되어주실 한 분 하느님입니다.

다윗왕의 계보를 잇고 계신 그리스도는 참으로 **하느님의 백성과 함께 하시는 '형제'**이십니다. 그리스도께서는 당신의 생명을 다 바쳐 당신 백성, 우리 모두를 돌보아 주십니다. 그리스도 안에서 우리는 하나입니다. 그리스도와 함께 하는 유일한 하느님 백성으로서 우리는 같은 길을 함께 걸어가는 하나의 운명공동체입니다. 오직 그리스도 안에서, 중심이 되시는 그분 안에서 우리는 하느님 백성으로 우리의 정체성을 부여받습니다.

3. 마침내 그리스도는 인류 역사의 중심이시고, 또한 모든 개별 인간 역사의 중심이십니다. 그분에게 우리의 삶 속에 섞여 있는 기쁨과 희망, 슬픔과 두려움에 대해 말씀드릴 수 있습니다. 예수님께서 중심에 계시다면, 우리 존재의 가장 어두운 순간도 밝게 빛날 것입니다. 그분께서는 오늘 복음에서 나온 선한 죄인처럼 우리에게 희망을 주십니다.

다른 사람들이 예수님을 조롱하는데 - "당신이 그리스도고 왕이요 메시아라면, 당신부터 구원해보시오. 그리고 십자가에서 내려와 보시오" - 자신의 잘못을 깊이 뉘우쳤던 죄인은 마침내 예수님께 청을 드렸습니다. "예수님, 선생님의 나라에 들어가실 때 저를 기억해 주십시오"(루카 23,42). 예수님께서 그에게 말씀하셨습니다. "너는 오늘 나와 함께 낙원에 있을 것이다"(43절). 회개한 죄인은 그분의 나라에 있게 될 것이라는 용서의 말씀입니다. 예수님은 오직 용서의 말씀만 하십니다. 그분의 말씀은 판단의 말씀이 아닙니다. 누구든지 용서를 청할 용기를 찾기만 한다면, 주님께서는 그러한 청을 외면하지 않으십니다. 오늘 우리 모두는 우리의 역사를, 우리의 길을 생각할 수 있습니다. 우리 각자는 자신의 역사를 가지고 있습니다. 우리들 중의 누군가는 또 자신의 실수, 자신의 죄, 자신의 행복한 시간과 자신의 어두운 시간을 가지고 있습니다. 오늘 우리의 역사를 생각하고, 예수님을 바라보고, 마음으로 그분에게 거듭 말씀드릴 수 있는 것은 좋은 일입니다. "주님, 저를 기억해주소서. 지금 주님께서는 당신의 나라에 계십니다! 예수님, 저를 기억해주소서. 그러면 제가 선하게 될 것입니다. 하지만 저는 아무 힘도 없습니다. 저는 아무것도 할 수 없습니다. 저는 죄인입니다. 저를 기억해주소서, 예수님! 주님께서는 저를 기억하실 수 있습니다. 주님께서는 중심에 계시고, 참으로 당신의 나라에 계시기 때문입니다!" 얼마나 아름답습니까! 우리 오늘 모두 다 같이 마음을 다하여 계속 기도합시다. "주님, 저를 기억하소서. 당신은 중심에 계시고, 당신의 나라에 계십니다!"

선한 죄인에 대한 예수님의 약속은 우리에게도 커다란 희망이 됩니다. 즉 하느님의 은총은 우리가 청하는 기도보다 항상 크다는 희망입니다. 주님께서는 항상 더 많이 주십니다. 주님은 그렇게 너그러운 분이십니다. 주님께서는 우리가 그분께 청하는 것 이상으로 항상 더 많이 주십니다. 여러분을 기억해달라고 주님께 청하십시오. 그러면 그분께서는 여러분을 당신의 나라로 이끄실 것입니다! 예수님은 참으로 우리 가운데 계시고, 우리가 청하는 대로 기쁨과 희망이 되어주십니다. 우리 모두 함께 이 길을 걸어갑시다! 아멘!

우리의 삶 속에
천막을 치신 예수님

우리의 삶 속에
천막을 치신 예수님*

1. "어둠 속을 걷던 백성이 큰 빛을 봅니다"(이사 9,1)

이사야서의 이 예언은 항상 우리를 새롭게 감동시킵니다. 특히 성탄 성야미사에서 이 말씀을 들을 때 그러합니다. 이것은 단순히 느낌이나 감정의 문제가 아닙니다. 이 예언이 우리를 사로잡는 것은, 우리가 누구인지를 현실적으로 생생하게 표현하고 있기 때문입니다. 길 위에 선 백성, 그리고 우리에게는 - 우리 안에서도 마찬가지로 - 어둠과 빛이 있습니다. 이 밤, 어둠의 영이 세상을 휘감고 있을 때, 항상 우리에게 놀라움을 불러일으키는 사건이 되살아납니다. 순례 중에 있는 백성이

---

* 2013년 12월 24일, 성 베드로 성당에서 봉헌된 예수성탄대축일 성야미사 강론.

어떤 위대한 빛을 봅니다. 그 빛은 걸어감과 봄의 신비를 성찰하도록 만듭니다.

걸어감. 이 단어는 역사의 진행, 구원사의 오랜 여정, 신앙의 선조인 아브라함으로부터 시작하는 여정을 생각하도록 만듭니다. 주님께서는 어느 날 아브라함에게 그의 고향을 떠나 당신께서 보여주시는 땅을 향해 걸어가도록 하십니다. 이때부터 신앙인으로서 우리의 정체성은 약속된 땅을 향해 길 위에 서는 순례자의 정체성이 됩니다. 이 구원의 역사는 언제나 주님이 이끌어오셨습니다! 주님께서는 당신의 계약과 약속에 항상 성실하십니다. 하느님께서는 성실하시기 때문에, "하느님은 빛이시며 그분께는 어둠이 전혀 없다는 것입니다"(1요한 1,5). 그에 반해 백성의 입장에서 보면 빛과 어둠, 성실과 불성실, 순종과 반항의 계기가 서로 바뀌어 있습니다. 순례하는 백성의 시간과 방황하는 백성의 시간이 교차하고 있습니다.

우리 개인의 역사도 밝음과 어둠의 시기, 빛과 그림자의 계기가 서로 번갈아 나타납니다. 우리가 하느님과 동료 인간을 사랑하게 되면, 우리는 빛 속에서 걷게 됩니다. 하지만 우리의 마음을 닫아 버리고, 자만, 위선에 빠져 거들먹거리면서 자신의 관심사만 쫓아다니면, 우리는 어둠에 빠져들고 그 안에서 헤매게 됩니다. 요한은 "자기 형제를 미워하는 자는 아직 어둠 속에 있습니다. 그는 어둠 속에서 살아가면서 자기가 어디로 가는지 모릅니다. 어둠이 그의 눈을 멀게 하였기 때문입니다"(1요한 2,11). 길 위에 선 백성, 하지만 순례하는 백성은 방황하는 백성이기를 원하지 않습니다.

2. 이 밤에 찬란히 빛나는 불빛처럼 사도의 복음선포가 울려 퍼집니다. "과연 모든 사람에게 구원을 가져다주는 하느님의 은총이 나타났습니다"(티토 2,11).

세상에 모습을 드러냈던 은총은 동정녀 마리아에게서 태어나신, 참 인간이자 참 하느님이신 예수님이셨습니다. 그분께서는 우리 역사 안으로 들어오셨고, 우리와 함께 길을 걸어가셨습니다. 예수님께서는 어둠으로부터 우리를 해방시키시고 빛을 선사하시기 위해 오셨습니다. 그분 안에 성부의 자비와 자애가 드러나는 은총이 있습니다. 예수님께서는 사람이 되신 사랑입니다. 그분께서는 단지 지혜의 교사가 아닙니다. 그분께서는 우리가 추구해야 하는 어떤 이상형이 아닙니다. 예수님께서는 우리의 삶과는 아무런 연고 없이 멀리 떨어져 존재하는 이상적 인물이 아닙니다. 예수님께서는 우리들 가운데에 당신의 천막을 치셨던 삶과 역사의 의미가 되셨습니다.

3. 양치기들은 이 '천막'을 처음으로 보았고, 예수님 탄생 소식을 처음으로 들었던 사람들입니다. 그들은 첫 번째 사람들입니다. 왜냐하면 그들은 세상에서 밀려난 마지막 사람들이었기 때문입니다. 또한 그들은 한 밤중에 깨어 있었고 그들의 양떼들을 돌보고 있었기 때문에 첫 번째 사람입니다. 깨어있는 것, 이것이 순례자의 의무입니다. 양치기들은 그렇게 깨어 있었습니다. 그 양치기들과 함께 우리는 아기 예수님 앞에 잠시 멈추어 침묵 중에 서 있습니다. 우리는 양치기들과 함께 예수님을 선물로 주신 주님께 감사하고 있습니다. 양치기들과 함께 우리의 마음 깊은 곳에서부터 주님의 신실하심을 드높이 찬미하고 있습니다. 주님, 높으신 하느님, 우리를 위해 친히 낮은 곳으로 내려오신 당신을 찬미합니다. 주님, 당신께서는 헤아릴 수 없이 위대하시지만, 초라해지셨습니다. 당신께서는 풍요로우시지만 가난해지셨습니다. 당신은 전능하시지만 나약한 인간이 되셨습니다.

이 밤에 우리는 복음의 기쁨을 함께 나누고 있습니다. 하느님께서는 우리를 사랑하십니다. 하느님께서는 우리에게 당신의 아드님을 형제로서, 어둠 속에 빛으로서 우리에게 보내셨을 만큼 우리를 사랑하십니다. 천사가 양치기들에게 "두려워하지 마라"고 말했던 것처럼, 주님께서는 반복해서 우리에게 말씀하십니다. "두려워하지 마라"(루카 2,10). 저도 여러분 모두에게 다시 한 번 이렇게 말씀드립니다. 여러분 두려워하지 마십시오! 우리의 아버지께서는 인내심이 많으시고 우리를 사랑하십니다. 그분은 당신께서 약속하신 땅으로 우리를 인도하시기 위해 예수님을 우리에게 선물로 보내주셨습니다. 주님은 어둠을 환히 밝히시는 빛이십니다. 주님은 자비로운 분이십니다. 우리의 아버지께서는 항상 우리를 용서해주십니다. 그분께서는 우리의 평화이십니다. 아멘.

에필로그

제47차 평화의 날 메시지

제47차 평화의 날 메시지*

형제애 – 평화의 초석이자 평화로 가는 길

1. 이번 저의 첫 번째 세계평화의 날 메시지를 통해서, 개인이건 민족이건 기쁨과 희망이 가득 찬 삶을 지향하는 모든 사람에게 인사를 전합니다. 사람은 누구나 마음속에 충만한 생명에 대한 열망을 품고 살아갑니다. 그 열망에는 형제애에 대한 갈망이 포함되어 있습니다. 형제애는 다른 이들과 이루는 공동체의 삶을 재촉하고, 다른 이들을 적대자나 경쟁자가 아닌, 형제와 누이로 받아들이며 포용할 수 있게 합니다.

형제애는 인간성의 본질적 차원입니다. 인간은 관계를 맺고

---

* 2014년 1월 1일 '천주의 성모마리아 대축일'에 발표된 '평화의 날' 메시지. 서울교구 정의평화위원회 위원장이신 박동호 신부의 번역을 참고하였다. 번역문을 흔쾌히 내어주신 신부님께 감사드린다.

살아가는 존재이기 때문입니다. 상호관계성에 대한 분명한 자각이야말로 우리가 서로를 참된 형제자매로 여기고 행동하도록 초대합니다. 이런 형제애에 대한 자각이 없다면 정의로운 사회와 탄탄하고 지속적인 평화를 구축할 수가 없습니다. 우리는 이 형제애를 가정에서 먼저 배운다는 것을 기억해야만 합니다. 무엇보다도 가족 구성원의 역할, 특히 어머니와 아버지에게서 서로에 대한 책임과 서로를 보충하는 역할을 봅니다. 가정은 모든 형제애의 원천입니다. 마찬가지로 가정은 평화의 기초이며 첫 번째 길입니다. 가정은 그 주변의 세상에 사랑을 전파하라는 소명을 받았기 때문입니다.

오늘날 이 지구라는 행성을 덮고 있는 정보수단과 상호유대는 끊임없이 확장되고 있습니다. 덕분에 민족 사이의 공동운명과 인류일치에 대한 자각이 강하게 일어나고 있습니다. 오늘날 역사의 역동성에서, 그리고 인종과 사회와 문화의 다양성에도 불구하고, 서로를 받아들여서 돌보아야 할 형제와 자매로 구성된 하나의 공동체를 형성해야만 하는 소명의 씨앗들이 뿌려져 있음을 목격하고 있습니다. 그러나 이 소명은 '무관심의 세계화'를 그 특징으로 하는 세상에서 빈번하게 부정되거나 무시되고 있습니다. '무관심의 세계화'는 서서히 우리를 다른 이들의 고통에 대해 '무감각하게' 만들며, 우리 스스로를 자기 안에 가두어 두도록 합니다.

사회의 여러 분야에서 인간의 기본적인 권리들, 특히 생명권과 종교자유의 권리에 대한 심각한 침해가 끊임없이 일어나고 있습니다. 파렴치한 학대와 다른 이들을 절망으로 내모는 인신매매 같은 비극적 현상은 하나의 걱정스러운 예에 불과합니다. 무력 충돌은 눈으로 볼 수 있는 잔혹한 전쟁이지만, 무수한 생명과 가정과 기업들을 궤멸시키는 수단을 갖고 있는 경제와 금융 영역에서 그보다 결코 덜하지 않은 끔찍한 전쟁이 벌어지고 있습니다.

베네딕토 16세가 지적하신 것처럼 세계화는 우리 모두를 이웃으로 만들고 있지만, 우리를 형제로 만들지는 않습니다.1) 수많은 불평등, 빈곤, 불의의 상황들은 형제애가 심각하게 결여되었다는 표징이면서 동시에 연대의 문화가 없다는 표징이기도 합니다. 만연하는 개인주의, 자기중심주의, 물질주의적 소비주의 같은 새로운 이념들은 사회적 유대를 약화시키고 있습니다. 이런 이념들은 '쓸모없는 이들'로 간주되는 가장 가난한 사람들을 포기하게 하고 경멸하게 하는 소위 '내다 버리는' 사고방식을 부추깁니다. 이런 식으로 인간의 공존은 점점 이기적이며 동시에 실용적인 삶의 태도, 곧 단순한

'주고받기'(do ut des · 당신이 줄 수 있는 만큼만 나도 주겠다)처럼 되고 맙니다.

 이와 동시에 현대세계의 윤리체계는 형제애의 참된 유대를 만들어 낼 능력이 분명히 없어 보입니다. 궁극적 기반으로서 공동의 아버지에 대한 연관이 없는 형제애는 결코 지속될 수 없기 때문입니다.2) 사람들 사이의 참된 형제관계가 형성되려면 초월적인 부성(父性)을 전제로 하고 또 필요로 합니다. 이런 부성의 인정으로부터 인간들 사이의 형제애가 확고해집니다. 그럴 때에만 우리 한 사람 한 사람이 다른 이들을 돌보는 '이웃'이 됩니다.

"네 아우는 어디 있느냐?"(창세 4,9)

 2. 형제애에 대한 이러한 인간의 소명을 보다 완전히 이해하고, 또 형제애의 실현을 가로막는 장애들을 올바로 인식하고, 그 장애들을 극복하는 길을 찾기 위해서, 무엇보다 중요한 일은 사람들이 하느님의 계획을 잘 알고 따르는 것입니다. 하느님의 계획은 성경에 분명하게 제시되어 있습니다.

 창조에 관한 성경의 이야기에 따르면, 모든 사람은 하느님의 모상으로 창조된 부부, 아담과 하와(창세 1,26 참조)라는 공통 조상의 후손들입니다. 이 부부에게서 카인과 아벨이 태어났습니다. 이 첫 가정에 대한 이야기에서 우리는 사회의 기원, 그리고 개인과 민족들 사이의 관계가 어떻게 진화하는지를 보게 됩니다.

아벨은 양치기이고, 카인은 농부입니다. 아무리 그들의 활동과 문화가 다르고, 그들이 하느님과 피조물과 맺는 관계가 다르더라도, 그들의 신원과 소명은 본질적으로 형제가 되는 것입니다. 카인이 아벨을 살해한 것은 형제가 되어야 할 카인의 소명을 근본적으로 부정한 비극적 증거입니다. 그들의 이야기(창세 4,1-16 참조)는 모든 사람이 서로 하나가 되어 살아가면서 서로를 돌보도록 부름을 받았다는 어려운 과제를 분명하게 보여줍니다. 자기의 양 무리 가운데 가장 좋은 것을 하느님께 봉헌한 카인은 하느님께서 아벨을 더 좋아하신다는 것을 받아들이지 못합니다. "주님께서는 아벨과 그의 제물은 기꺼이 굽어보셨으나, 카인과 그의 제물은 굽어보지 않으셨다"(창세 4,4-5). 그래서 카인은 질투에 눈이 멀어 아벨을 살해했습니다. 이런 식으로 카인은 아벨을 형제로 존중하는 것도 거부하고, 그와 올바른 관계 맺기도 거부합니다. 이는 다른 이들을 돌보고 보호해야 할 책임을 지면서 하느님 앞에서 살아야 한다는 소명을 거부한 것입니다. 하느님께서는 "네 아우 아벨은 어디 있느냐?" 하고 물으시면서, 카인이 저지른 짓에 대해 책임을 묻습니다. 카인은 대답합니다. "모릅니다. 제가 아우를 지키는 사람입니까?"(창세 4,9). 그리고 나서 창세기는 우리에게 다음과 같이 말합니다. "카인은 주님 앞에서 물러나왔다"(창세 4,6).

우리는 카인으로 하여금 형제애의 유대를 무시하고, 그러면서 동시에 자신의 동생인 아벨과 결합시킨 호혜와 공동체 친교의 유대관계를 허물어뜨린 진짜 이유가 무엇인지 물어야 합니다. 하느님께서는 죄악과 공모한 카인을 친히 꾸짖으십니다. "죄악이 문 앞에 도사리고 있다"(창세 4,7). 그러나 카인은 악에 맞서 저항하기를 거부하고 "자기 아우 아벨에게 덤벼들어"(창세 4,8) 하느님의 계획을 경멸했습니다. 이렇게 하여 카인은 하느님의 자녀가 되어 형제애를 나누며 살라는 원초적 소명을 저버렸습니다.

카인과 아벨의 이야기는 우리가 원래 형제애로 소명을 받았지만, 동시에 이 소명을 저버릴 수 있는 비극적 능력도 지녔다는 사실을 가르쳐 줍니다. 이런 모습은 수많은 전쟁과 불의의 뿌리가 되는 우리의 일상적 이기적 행위들 속에서 찾아볼 수 있습니다. 서로를 위한 호혜와 공동체 친교 그리고 자기헌신을 위해 창조된 존재라는 것을 깨달을 수 없는 형제자매들의 손에 수많은 사람들이 죽어가고 있습니다.

"너희는 모두 형제다."(마태 23,8)

3. 다음과 같은 물음이 자연스럽게 제기됩니다. 이 세상 사람들이 과연 하느님 아버지께서 그들 안에 심어놓으신 형제애에 대한 갈망을 온전하게 부응할 수 있겠습니까? 사람들이 순전히 자기들만의 힘으로 무관심, 이기주의, 증오를 극복하고, 형제자매들을 특징짓는 당연한 차이를 받아들일 수 있겠습니까?

주 예수님의 말씀에서 우리에게 주신 답을 이렇게 간추려 볼 수 있습니다. '너희의 아버지는 한 분, 하느님이시다. 너희 모두는 형제다'(마태 23,8-9 참조). 형제애의 근거는 하느님의 부성에 있습니다. 이는 일반적이고 막연하고 역사적으로 비현실적인 유전학적인 부성이 아니라, 모든 사람을 향한 하느님의 특별하고 매우 구체적인 하느님의 인격적 사랑을 말하고 있는 것입니다(마태 6,25-30 참조). 그래서 이 부성은 형제애를 효과적으로 불러일으킵니다. 왜냐하면 일단 하느님의 사랑을 받아들이고 나면, 우리의 삶은 물론이고 다른 이들과 맺는 관계를 변화시켜 연대와 참다운 나눔에로 우리 자신을 열도록 하는 가장 강력한 힘이 되기 때문입니다.

 인간의 형제애는 특히 예수 그리스도의 죽음과 부활 **안**에서 그리고 예수 그리스도를 **통하여** 새롭게 일깨워집니다. 십자가 야말로 인간 스스로 만들어 낼 수 없는 형제애의 바탕이 되는 결정적 '자리'입니다. 인간의 구원을 위해 인간의 본성을 취하신 예수 그리스도께서는 죽음에 이르기까지, 십자가에서 죽기까지 아버지를 사랑하심으로써(필리 2,8 참조), 당신의 부활로 우리를 하느님의 뜻과 계획에 온전히 일치하는 새로운 인간으로 만드셨습니다. 하느님의 뜻과 계획에는 형제애에 대한 우리의 소명을 완전하게 실현하는 일도 담겨 있습니다.

 예수님께서는 처음부터 아버지를 그 무엇보다 우선으로 생각하여 아버지의 계획을 받아들이셨습니다. 그런데 그리스도께서는 아버지를 향한 사랑으로 죽음에 이르기까지 자신을 버리심으로써 우리 모두의 **새롭고도** 궁극적인 원천이 되셨습니다. 우리 모두 같은 한 **아버지의 자녀**이기 때문에 그리스도 안에서 우리가 서로를 형제자매로 알아보아야 할 소명을 받았습니다. 그리스도께서는 그 자체로 계약이십니다. 즉 우리는 그분을 통해서 하느님과 화해하고, 형제자매로서 우리는 서로 다른 이들과 화해를 합니다. 예수님의 십자가 죽음 안에서 민족들 사이의 **분열**이 극복되었고, 계약의 백성과 이방인들 사이의 분열도 종식되었습니다. 이방인들은 약속의 세약에 참여하지 못했기 때문에 예수님께서 돌아가시는 그 순간까지 희망이 없었습니다. 에페소서의 말씀처럼, 예수 그리스도께서는 모든 사람을 당신 안에서 화해시키셨습니다. 예수 그리스도께서는 평화이십니다. 왜냐하면 그분은 계약의 백성과 이방인들을 하나로 만드시고, 그들 안에 자리 잡은 분열의 장벽인 적개심을 허물어뜨리셨기 때문입니다. 예수 그리스도께서는 당신 자신 안에 하나의 민족, 하나의 새로운 인간, 새로운 인류를 창조하셨습니다(에페 2,14-16 참조).

그리스도의 삶을 받아들여 그분 안에 사는 사람은 하느님을 아버지로 알아 뵙고 하느님을 그 누구보다도 사랑하여 자신을 온전히 하느님께 바칩니다. 하느님과 화해한 사람은 하느님 안에서 모든 이의 아버지를 알아보며, 그 결과 모든 이에게 열린 형제애의 삶을 살게 됩니다. 화해를 이룬 인간은 그리스도 안에서 다른 이들을 받아들이고, 하느님의 자녀, 형제자매로서 사랑할 수 있습니다. 이로써 다른 이들은 더 이상 이방인이나 경쟁자, 적이 될 수 없습니다. 하느님의 가정에서는 모두가 한 아버지의 자녀가 되고, 그리스도와 결합되었기 때문에,

곧 성자 안에서 자녀가 되기 때문에, 결코 '폐기될 생명'은 없습니다. 모든 사람은 평등하고 침해할 수 없는 존엄을 누립니다. 모든 사람은 하느님의 사랑을 받습니다. 모든 사람을 위해 십자가에서 돌아가시고 부활하신 그리스도의 피로 모든 사람이 구원받았습니다. 그리스도께서는 모두를 위해 십자가에서 돌아가셨으며 부활하셨습니다. 이것이 바로 우리 형제자매들의 운명에 대해 그 누구도 무관심할 수 없는 이유입니다.

형제애 – 평화의 바탕이며 평화로 가는 길

4. 이렇게 형제애가 평화의 바탕이며 평화로 가는 길임을 아는 것은 어렵지 않습니다. 그러한 의미에서 저의 선임자들의 사회회칙들은 귀중한 도움이 줍니다. 바오로 6세의 회칙 「민족들의 발전」(Populorum progressio)과 요한 바오로 2세의 회칙 「사회적 관심」(Solicitudo rei socialis)에서 평화에 관한 정의를 살펴보는 것으로도 충분하리라 봅니다. 「민족들의 발전」에서 우리는 민족들의 온전한 발전이 평화의 새로운 이름이라는 것을 배웁니다.[3] 「사회적 관심」에서는 평화가 연대의 열매(opus solidaritatis)임을 알게 됩니다.[4]

바오로 6세는 개인들뿐만 아니라 민족들도 형제애의 정신으로 서로 만나야 한다고 말씀하셨습니다. 교황님께서는 이렇게 말했습니다. "이 같은 호의와 우정으로써, 이같이 성스러운 마음의 결합으로써 우리는 인류 공동체의 행복한 내일을 위하여 함께 활동을 시작해야 하겠습니다.5) 이 과제는 우선 기득권을 지닌 사람들에게 있습니다. 그들의 의무는 인간적이고 초자연적인 형제애에 뿌리를 두고 있으며 세 가지 측면으로 드러납니다. 우선 부유한 나라들이 아직 덜 발전된 나라를 지원할 것을 요구하는 **연대의 의무**입니다. 다음으로 강한 민족과 약한 민족 사이의 관계를 공정하게 재조정할 것을 요구하는 **사회정의의 의무**입니다. 그리고 모든 사람을 위한 보다 인간다운 세상, 모든 사람이 서로 주고받으며, 한쪽의 발전이 다른 쪽의 발전에 장애가 되지 않는 세상을 만들어가는 **보편적 이웃사랑의 의무**입니다.6)

우리가 평화를 연대의 열매로 여긴다면, 형제애가 평화의 바탕이라는 것을 인정하지 않을 수 없습니다. 요한 바오로 2세는 평화를 나눌 수 없는 선익이라 했습니다. 평화가 모두의 선이 아니라면 그 누구에게도 선이 될 수 없다는 말입니다. 평화는 보다 나은 삶의 질과 더욱 인간답고 지속가능한 발전으로서 실제로 이루고 또 누릴 수 있습니다. 이 평화는 오직 "공동선에 투신하겠다는 강력하고도 항구한 결의"7)인 연대의

식으로 살 때에만 가능합니다. 평화는 '사리사욕'과 '권력욕'에 끌려 다니지 않는 것을 의미합니다. 우리는 남을 착취하는 대신에 그를 위해 "자기를 버리고" 자신의 이익을 위하여 남을 억압하는 대신에 "남을 섬길" 필요가 있습니다. "다른 사람을, 인간이든, 민족이든, 국가든, 일종의 도구로 보지 않고, 저가로 착취할 수 있는 노동력과 체력을 가진 존재로, 그리고 더 이상 효용이 없을 때에는 내버릴 것으로 보지 말고, 우리 '이웃'으로, '돕는 이'로 보아야 합니다.8)

그리스도인의 연대는 이웃을 단지 "각자 나름대로 권리와 다른 이와 근본적인 평등을 갖춘 인간으로서만이 아니라, 예수 그리스도의 피로 구원되었으며, 성령의 항구한 활동으로 인도되는 존재, 곧 아버지 **하느님의 생생한 모상으로서**"9) 사랑해야 한다는 것을 전제합니다. 요한 바오로 2세가 밝힌 것처럼 "이 점에서 하느님께서 만인의 아버지이시고 만인은 그리스도 안에서 형제이며 – '성자 안에서 만인이 하느님의 자녀가 된다' – 성령의 현존과 생명을 주시는 활동을 입고 있다는 깨달음으로써, 우리의 세계관은 그것을 해석하는 새로운 기준을 얻게 됩니다.10)

형제애 - 가난 극복을 위한 전제

5. 회칙 「진리 안의 사랑」(Caritas in veritate)에서 저의 선임자는 민족들과 사람들 사이에서 형제애의 결여가 가난의 가장 주요한 원인이라는 것을 일깨워주셨습니다.11) 수많은 사회에서 우리는 가정과 공동체의 건강한 관계가 사라지고 있음을 체험하고 있습니다. 우리는 가정과 사회의 견고하지 못한 관계의 결핍으로 인해 심각한 **관계의 빈곤**을 겪고 있습니다. 우리는 여러 유형의 궁핍, 주변화, 고립, 그리고 다양한 형태의 병적 의존의 심화를 걱정스럽게 보고 있습니다. 이러한 빈곤은 가정과 공동체에서 형제적 관계를 재발견하고 중시해야만, 그리고 인간의 삶에 동반되는 기쁨과 슬픔, 어려움과 성취를 공유해야만 비로소 극복될 수 있습니다.

더 나아가, 한편으로 절대 빈곤이 줄어들고 있지만, 다른 한편 상대적 빈곤이 심각하게 증대되고 있음을 결코 간과해서는 안 됩니다. 다시 말해 어떤 특정한 지역 또는 특정한 역사·문화적 상황 안에서 함께 살고 있는 사람들과 집단들 사이에 불평등이 심화되고 있습니다. 이러한 의미에서 **형제애의 원칙**을 증진시키는 효과적인 정책들이 필요합니다. 즉 동등한 인간 존엄과 기본권을 지닌 모든 사람이 '자본', 서비스, 교육재

원, 보건의료, 그리고 기술에 접근하도록 보장해야 합니다. 그래서 누구나 삶의 계획을 세우고 실현할 기회를 가지며, 인간으로서 자신을 온전하게 발전할 수 있도록 해야 합니다.

또한 과도한 소득불균형을 완화할 수 있는 정책도 반드시 필요합니다. 우리는 이른바 **사회적 저당권**(social mortgage)이라는 교회의 가르침을 절대로 망각해서는 안 됩니다. 이 사회적 저당권에 대한 성 토마스 아퀴나스의 말씀처럼, "인간은 재화를 자신의 소유로 가질 수"[12] 있고 또 필요하더라도, 재화의 소유자는 그 재화의 사용에 있어, "그것을 자신만의 사유물이 아니라 공동의 소유물로 여겨야하며, 그러한 의미에서 재화는 자신만이 아니라 다른 이들에게도 이익이 될 수 있도록 해야"[13] 합니다.

끝으로 형제애를 증진시키고 그럼으로써 빈곤을 물리치고, 모든 형태의 형제애 증진에 바탕이 되는 또 다른 모든 방법이 있습니다. 이것은 소박하고 필수적인 생활양식을 선택한 사람들의 초연함입니다. 이러한 사람들은 자신의 재화를 나누면서 다른 사람들과 형제적 공동체를 경험할 수 있습니다. 이것이 예수 그리스도를 따르고 참된 그리스도인이 되는 기본입니다. 이는 단지 청빈 서원을 한 수도자들만의 경우가 아니라 이웃과의 형제적 관계가 가장 귀중한 재화임을 굳게 믿는 책임감 있는 수많은 가정들과 시민들에게도 해당됩니다.

경제 안에서 형제애의 재발견

6. 현대의 심각한 금융과 경제 위기의 근원은, 한편으로 하느님과 이웃으로부터 서서히 멀어지며 물질적 재화에 대한 탐욕적 추구와, 다른 한편으로는 대인관계와 공동체 관계의 황폐화에 있습니다. 이 위기는 건전한 경제 원리와는 거리가 먼 소비와 소득에서 만족과 행복과 안정을 추구하도록 수많은 사람들을 내몰고 있습니다. 1979년 요한 바오로 2세께서는 이미 이 위험에 대해 지적했습니다. "물질세계에 대한 인간의 지배권이 엄청난 진전을 가늠하고 있으면서도 인간의 지배권의 본질적인 맥들이 끊길 위험이 현실적으로 피부에 느껴집니다. 그리고 여러 가지로 인간이 자기의 인간성을 세계에 예속시키게 버려두거나, 공동체 생활의 조직 전체를 통해서나 생산제도를 통해서나 사회 커뮤니케이션 매체의 압력을 통해서나 여러 방도로 자신을 조종 - 비록 흔히는 그 조정이 직접 감지되지 않는다 할지라도 - 에 맡겨 버릴 위험이 대두되고 있습니다."14)

계속되는 경제위기는 경제 발전모델의 적절한 재고와 생활양식의 변화로 가게 됩니다. 인간의 삶에 심각한 영향에도 불구하고 오늘날의 위기는 동시에 분별, 절제, 정의, 용기와 같은 사추덕을 재발견하는 좋은 기회가 될 수 있습니다. 사추덕은 어려운 시기를 이겨내고 우리를 서로 결합시키는 형제적 유대를 회복하는 데 도움을 줄 수 있습니다. 물론 이 형제적 인간은 자신의 개인적 이익을 극대화하는 것보다 더욱 큰 그 어떤 것을 필요로 하고 또 할 수 있다는 확신을 수반합니다. 무엇보다도 사추덕은 인간 존엄에 부응하는 사회의 건설과 유지에 꼭 필요합니다.

전쟁의 불씨를 없애는 형제애

7. 지난해에도 우리의 수많은 형제자매가 참혹한 전쟁의 경험을 계속 겪어야 했고, 이 전쟁은 형제애에 심각하고 깊은 상처를 남겼습니다.

무수한 물리적 충돌은 우리의 전반적인 무관심 속에서 벌어지고 있습니다. 무기가 초래한 공포와 파괴로 얼룩진 땅에 사는 모든 이에게 제 자신과 교회 전체가 함께 하고 있음을 분명히 말씀드립니다. 교회의 사명은 평화를 위한 기도를 통해, 사람들이 잊고 있는 전쟁들에서 무방비 상태로 피해를 입은 희생자들에게 그리스도의 사랑을 전하는 것이고, 상처입고 굶주린 이들, 난민들과 강제이주민들, 그리고 공포 속에서 사는 모든 이들에게 봉사하는 것입니다. 교회는 또한 이 고통받는 사람들의 외침을 책임자들에게 들려주고, 온갖 형태의 적대감과 폭력, 인간 기본권의 침해를 멈추라고 목소리를 높입니다.15)

이러한 이유로 저는 무기를 동원해서 죽음과 폭력의 씨를 뿌리는 모든 사람들에게 강력하게 호소합니다. 여러분이 오늘 간단히 쓰러뜨려 버려야 할 적으로 여기는 그 사람들이 바로 여러분의 형제자매임을 깨달으십시오! 그리고 여러분 주위에 다시 정의와 신뢰와 희망을 세우기 위해 손에서 무기를 내려놓고, 대화와 용서 그리고 화해의 길로 다른 이들을 만나러 가십시오! "이러한 관점에서 볼 때, 세상 사람들에게 무력 갈등은 언제나 국제적 합의를 고의적으로 부인하는 것이며, 심각한 분열과 함께 치유하는데 오랜 세월이 걸리는 깊은 상처를 만들 것임이 자명합니다. 전쟁은 국제 사회가 자체적으로 정한 경제적 사회적 큰 목표들을 이루려는 노력을 실제로 거부하는 것입니다."16)

그럼에도 지금처럼 엄청난 양의 무기들이 거래되고 있는

한, 적대감을 부추기는 새로운 구실을 계속 찾게 될 수밖에 없을 것입니다. 이러한 이유로 저는 저의 선임자들과 마찬가지로 무기 확산금지와 핵무기와 화학무기의 폐기로 시작해서 모든 당사국들의 군비축소를 호소합니다.

그러나 국제협약과 국제법이 물론 필요하고 매우 바람직하지만, 그것만으로는 인류를 무력 분쟁의 위험으로부터 보호하는데 충분하지 않습니다. 마음의 회개가 필요합니다. 마음을 돌리는 회개는 다른 사람 안에서 자신이 돌보아야 할 형제자매를, 모든 이를 위한 충만한 삶을 건설하는 데 있어 함께 협력해야 할 형제자매로 알아보게 합니다. 이것이 종교 기관을 포함한 시민사회가 평화를 증진하는 여러 활동에 영감을 불어 넣어주는 정신입니다. 저는 모든 사람들이 날마다 헌신하는 노력이 열매를 맺고, 평화에 대한 권리가 기본적인 인권이자 다른 모든 권리의 필요한 전제 조건의 하나로서 효과를 발생하는 국제법으로 적용되기를 바랍니다.

형제애를 위협하는 부패와 조직적 범죄

8. 형제애의 지평은 모든 사람의 충만한 삶의 계발과도 관련을 맺습니다. 사람들, 특히 젊은이들이 품은 정당한 열망

을 좌절시키거나 침해해서는 안 됩니다. 그들의 포부를 실현할 수 있다는 희망을 꺾어서도 안 됩니다. 그렇지만 이 목표의식이 권력의 남용과 혼동되어서는 안 됩니다. 오히려 사람들은 서로 존중하면서(로마 12,10 참조) 경쟁해야 합니다. 살다가 겪게 되는 거부할 수 없는 불화 속에서도, 우리는 형제자매라는 것을 한 순간도 잊어서는 안 됩니다. 따라서 우리 이웃을 제거해야 할 적이나 원수로 여기지 않도록 가르치고, 또 배워야 한다는 사실을 늘 명심해야 합니다.

형제애는 사회적 평화를 낳습니다. 형제애가 자유와 평화 사이에, 개인적 책임과 연대 사이에, 개인의 행복과 공동선 사이의 균형을 잡아주기 때문입니다. 정치공동체는 이 모든 것을 증진하기 위해 투명하고 책임감 있게 행동해야 합니다. 시민들은 공권력이 그들의 자유를 존중하고 그들을 대표한다는 것을 자각해야 합니다. 그러나 종종 시민과 제도 사이에서 파벌적 이해관계에 따라 갈라집니다. 이러한 파벌적 이해는 관계를 왜곡시키고, 지속적인 갈등 분위기를 조장합니다.

진정한 형제애의 정신은 자유롭고 조화롭게 살아갈 수 있는 사람들의 역량과 충돌하는 개인적 이기주의를 극복합니다. 그러한 이기주의는 사회적으로 전개됩니다. 즉 오늘날 광범위하게 퍼진 수많은 형태의 부패뿐만 아니라, 소규모에서 세계적 규모에 이르는 조직화된 범죄 집단속에서도 이러한 이기심은 증식됩니다. 이들 부패와 범죄 집단은 법과 정의를 파괴하고, 인간의 존엄성을 심각하게 훼손합니다. 이런 범죄 조직들은 하느님께 대한 중대한 모독이고, 다른 사람에게 상처를 안기며 피조물에 해를 끼칩니다. 무엇보다도 이 조직들이 종교적인 색채를 띨 때 더욱 그렇습니다.

저는 도덕률과 국법을 조롱하며 이득을 챙기는 마약 밀매의 가슴 아픈 비극을 생각합니다. 천연자원의 파괴와 현대의 환경오염, 노동 착취의 비극을 생각합니다. 저는 종종 약탈적인 특징을 지니며 전체 경제시스템과 사회시스템에 상처를 입히고, 수백만의 사람들을 빈곤으로 내모는 불법적인 화폐거래와 자본투기도 생각합니다. 저는 날마다 무고한 희생을 낳는 매매춘을 생각합니다. 이는 특히 젊은이들을 희생시키며 그들에게서 미래를 강탈합니다. 저는 혐오스러운 인신매매와 미성년자에 대한 범죄와 학대, 그리고 아직도 세계 여러 곳에 남아 있는 노예노동의 공포를 생각합니다. 불법적으로 인간의 존엄성이 파괴되는 이민자들의 비극은 자주 간과되고 있습니다. 요한 23세가 쓰신 대로, "다만 폭력으로 유지되는 인간 사회는 비인간적일 수밖에 없습니다. 인간 자신을 성숙시키고 완성시키기 위해 어떤 자극을 주고 추진하는 대신에 실제로 인간의 자유를 억누르고 제한하는 일이 진행되기도 합니다."17) 하지만 인간은 회개할 수 있고, 자신의 삶을 변화시킬 수 있다는 희망을 포기해서는 안 됩니다. 저는 이 점이 모든 이에게, 심지어 끔찍한 범죄를 저지른 사람에게도 희망과 확신의 메시지가 되기를 바랍니다. 왜냐하면 하느님은 죄인의 죽음이 아니라 죄인이 회개하여 사는 것을 바라시기 때문입니다(에제 18,23 참조).

함께 살아가야 할 인간의 삶이라는 폭넓은 맥락에서 범죄와 형벌을 본다면, 아직 많은 교도소의 비인간적인 상황에 대해 생각하지 않을 수 없습니다. 그곳의 수감자들은 빈번하게 그들의 존엄성을 침해당하면서 인간 이하의 취급을 받고 재활에 대한 그들의 의지와 열망은 짓눌리고 있습니다. 교회는 이러한 곳에서 대부분 조용하게 많은 일을 수행하고 있습니다. 저는 모든 이가 더 많은 활동을 해주기를 권고하며 지지를 보냅니다. 이런 분야에서 수행되는 용기 있는 수많은 사람들의 노력에 대해서 국가당국도 공정하고 성실하게 지원해주기를 희망합니다.

자연을 보존하고 가꾸는데 도움이 되는 형제애

9. 인류 가족은 창조주로부터 공동의 선물, 곧 자연을 선물로 받았습니다. 그리스도교의 창조관은 자연에서 혜택을 얻되 책임감 있게 이루어진다는 조건 아래 자연에 대한 개입의 정당성을 긍정적으로 평가합니다. 다만 자연에 새겨진 '법칙'을 인정하고, 모든 이의 이로움을 위해 자원을 현명하게 사용해야 합니다. 그리고 생태계 안에서 모든 살아있는 개체들의 아름다움과 합목적성과 유용함 그리고 기능을 존중해야 합니다. 한 마디로 자연은 우리 손에 달려있고, 우리는 자연에 대해 책임 있게 관리하도록 부름을 받았습니다. 그러나 우리는 너무나 자주 자연을 지배하고 소유하고 조작하고 착취하려는 탐욕과 교만에 이끌려 자연을 보존하지도 않고 존중하지도 않습니다. 또한 자연을 미래 세대를 포함하여 우리 이웃 형제자매를 위해 돌봐야 하는 은혜로운 무상의 선물로 여기지도 않습니다.

특히 농업 분야는 인류에게 식량을 공급하기 위해 천연자원을 보호하고 가꾸는 막중한 소명을 지닌 1차 산업입니다. 이와 관련해서 이 세상에서 굶주림이 지속되고 있다는 것은 부끄러운 현실입니다. 여러분과 함께 이렇게 질문을 던져

보고자 합니다. 우리는 지구 자원을 어떻게 사용하고 있습니까? 현대 사회는 생산의 측면에서 규정되는 우선순위에 대해 성찰해야만 합니다. 실제로 아무도 굶주림에서 고통 받지 않도록 지구 자원을 이용하는 것이야말로 가장 절박한 의무입니다. 이를 위한 시도들과 해결책은 많지만, 단순히 생산의 증가에만 국한해서는 안 됩니다. 이미 알려져 있다시피 현재의 생산량은 충분합니다. 하지만 수백만의 사람들이 굶주림으로 고통을 받고 죽어가고 있다는 것은 참으로 부끄러운 스캔들입니다. 우리는 이 땅이 주는 열매를 모든 이가 누릴 수 있는 길을 찾아야만 합니다. 그것은 더 많이 가진 사람들과 빵부스러기로라도 만족해야만 하는 사람들 사이의 격차가 더 크게 벌어지고 있는 것을 막을 뿐만 아니라, 무엇보다도 그것은 정의와 평등 그리고 모든 인간에 대한 존중을 요구하기 때문이기도 합니다. 이러한 의미에서 저는 모든 사람에게 가톨릭 사회교리의 근본 원리들 가운데 하나로서 반드시 필요한 재화 사용의 보편적 목적 원리를 상기시켜 드리고자 합니다. 이 원리를 존중하고 실현하는 것은, 모든 사람이 필요로 하고 가질 권리를 지닌 본질적이고 우선적인 재화에 효과적이고 공정하게 접근할 수 있도록 보증하는 근본 조건입니다.

결론

10. 우리는 형제애를 발견하고 사랑하고 경험하고 선포하고 증언해야 합니다. 하지만 오직 하느님으로부터 선물로 받은 사랑만이 형제애를 전적으로 받아들이고 살아갈 수 있도록 합니다.

정치와 경제에서 필요한 현실주의가 이상을 도외시하고 인간의 초월적 차원을 간과하는 단순한 기술적 요령으로 떨어져서는 안 됩니다. 하느님을 향해 열려 있지 않으면, 모든 인간 활동은 황폐해지고 인간은 착취가능한 대상으로 전락되고 맙니다. 이제 정치와 경제도 인간 한 사람 한 사람을 사랑하시는 하느님께서 열어주신 폭넓은 차원으로 움직여야 하는 것을 받아들인다면, 형제적 사랑의 참된 정신에 기초한 질서를 세우고 통합적인 인간 발전과 평화를 위한 효과적인 도구가 될 것입니다.

우리 그리스도인은 교회 안에서 서로 한 몸의 지체이고, 모두 서로를 필요로 하고 있음을 확신합니다. 왜냐하면 우리는 저마다 그리스도께서 주시는 은총에 따라, 즉 공동선을 위해 필요한 은총을 받았기 때문입니다(에페 4,7-25; 1코린 12,7 참조).

그리스도께서는 우리에게 하느님의 은총, 즉 그분의 생명에 참여할 가능성을 주시기 위해 이 세상에 오셨습니다. 십자가에서 못 박히시고 부활하시어 우리 모두를 당신께로 이끄신 그리스도를 통하여 하느님께서 인류에게 베푸신 깊고 넓은 사랑에 따라, 호혜와 용서, 완전한 자기 증여로 각인된 형제적 관계를 이룰 수 있는 바탕이 마련되었습니다. "내가 너희에게 새 계명을 준다. 서로 사랑하여라. 내가 너희를 사랑한 것처럼 너희도 서로 사랑하여라. 너희가 서로 사랑한다면, 모든 사람이 그것을 보고 너희가 내 제자라는 것을 알게 될 것이다"(요한 13,34-35). 하느님의 사랑이야말로 모든 사람에게 한 걸음 더 내딛도록 요구하는 기쁜 소식입니다. 하느님 사랑의 힘으로 고통 받는 이와 다른 이들, 나와 멀리 떨어져 있는 이들의 고통과 희망에도 언제나 귀를 기울이며 공감합니다. 그리고 우리는 모든 형제자매의 선익을 위해 기꺼이 온 힘을 다해 헌신할 줄 아는 사랑의 그 힘든 길을 걸어가야 합니다.

그리스도께서는 온 인류를 끌어안으시며 아무도 잃고 싶어 하지 않습니다. "하느님께서 아들을 세상에 보내신 것은, 세상을 심판하시려는 것이 아니라 세상이 아들을 통하여 구원을 받게 하시려는 것이다"(요한 3,17). 그리스도께서는 사람들이 마음과 정신의 문을 열어 당신을 받아들이라고 강요하거나 강제하시지 않으면서, 구원 사업을 수행하십니다. 예수님은 이렇게 말씀하십니다. "너희 가운데에서 가장 높은 사람은 가장 어린 사람처럼 되어야 하고, 지도자는 섬기는 사람처럼 되어야 한다. … 그러나 나는 섬기는 사람으로 너희 가운데 있다"(루카 22,26-27). 그러므로 우리의 모든 활동은 인간에 대한 봉사의 태도를 지녀야 합니다. 특히 세상에서 가장 소외되고 이름도 알려지지 않은 주변부의 사람들에게 봉사해야 합니다. 봉사는 평화를 구축하는 형제애의 혼입니다.

예수님의 어머니 마리아여, 당신 아드님의 성심에서 샘솟는 형제애를 저희가 이해하고 날마다 실천하도록 도와주소서. 그리하여 저희가 사랑스러운 우리 지구에 사는 모든 이들에게 평화를 가져다주는 사람이 되게 하소서.

바티칸에서
2013년 12월 8일

1) 베네딕토 16세, 회칙 『진리 안의 사랑』(Caritas in Veritate), 2009.6.29., 19항, 한국천주교중앙협의회, 2010(제1판 3쇄), AAS 101(2009), 654-655.

2) 2) 프란치스코, 회칙 『신앙의 빛』(Lumen Fidei), 2013.6.29., 54항, 한국천주교중앙협의회, 2013(1판 1쇄), AAS 105(2013), 591-592 참조.

3) 바오로 6세, 회칙 「민족들의 발전」(Populorum progressio), 1967.3.26., 87항, 한국천주교주중앙협의회, 『교회와 사회』, 2003(제1판 2쇄), AAS 59 (1967), 299 참조.

4) 요한 바오로 2세, 회칙 「사회적 관심」(Sollicitudo rei socialis), 1987.12.30., 39항, 한국천주교중앙협의회, 2000(제2판 1쇄), AAS 80 (1988), 566-568 참조.

5) 「민족들의 발전」, 43항.

6) 「민족들의 발전」, 44항 참조.

7) 「사회적 관심」, 38항.

8) 「사회적 관심」, 38-39항.

9) 「사회적 관심」, 40항.

10) 「사회적 관심」, 40항.

11) 「진리 안의 사랑」, 19항 참조.

12) 『신학대전』 II-II, q.66, a.2.

13) 제2차 바티칸공의회, 현대 세계의 교회에 관한 사목 헌장 「기쁨과 희망」(Gaudium Et Spes), 69항, 『제2차 바티칸공의회 문헌』, 한글판, 한국천주교중앙협의회, 2011(제3판 4쇄); 참조: 레오 13세, 회칙 「새로운 사태」(Rerum Novarum), 1891.5.15., 19항, 한국천주교중앙협의회, 2001(제1판 2쇄); 요한 바오로 2세, 「사회적 관심」, 42항; 교황청 정의평화평의회, 『간추린 사회 교리』(Compendium of the Social Doctrine of the Church), 178항, 한국천주교중앙협의회, 2012(제2판 4쇄).

14) 요한 바오로 2세, 회칙 「인간의 구원자」(Redemptor Hominis), 1979.3.4., 16항, 한국천주교중앙협의회, 2009(제2판 1쇄).

15) 『간추린 사회 교리』, 159항 참조.
16) 프란치스코, 푸틴 대통령에게 보내는 서한, 2013.9.4., 『로세르바토레 로마노』, 2013.9.6., 1면.
17) 요한 23세, 회칙 「지상의 평화」(Pacem in Terris), 1963.4.11., 34항, 한국천주교중앙협의회 2003(제1판 2쇄), AAS 55(1963), 265 참조.

# 프란치스코 교황 약력

프란치스코 교황 약력*

1936. 12. 17. 호르헤 마리오 베르골료, 아르헨티나 부에노스아이레스 출생(*스페인어 발음으로는 '베르고글리오'로 한다.)
1958. 3. 11. 예수회 입회
1963년 산미겔 시 성 요셉 대신학교에서 철학사 학위 취득
1964-1965년 산타페 시 인마콜라다 대학에서 문학과 심리학 가르침
1966년 부에노스아이레스 엘살바도르 대학교에서 문학과 심리학 가르침
1967-1970년 산미겔 시 성 요셉 대신학교 신학 전공
1969. 12. 13. 사제 수품
1970-1971년 에스파냐의 알칼라 데 에나레스에서 3차 수련
1973. 4. 22. 종신 서원
1972-1973년 산미겔 시 비야 바릴라리에서 수련장 역임. 신학 가르침
1973-1979년 예수회 아르헨티나 관구장

---

* 교황청 공보실에서 발표한 프란치스코 교황의 약력을 바탕으로 작성되었습니다.

1980-1986년 산미겔 철학 신학대학 학장 및 산미겔 교구 파트리아르카 산호세 본당 주임 사제
1986. 3. 독일에서 박사 학위 취득. 이후 엘살바도르 대학교와 코르도바 대학교의 고해사제와 영성 지도자 역임
1992. 5. 20. 아우카 명의 주교와 부에노스아이레스 대교구 보좌주교로 임명
1992. 6. 27. 주교 수품
1997. 6. 2. 부에노스아이레스 대교구 부교구장 주교
1998. 2. 28. 부에노스아이레스 대교구장
2001. 2. 21. 추기경 서임
2005. 11. 8.–2011. 11. 8. 아르헨티나 주교회의 의장
2013. 3. 13. 제266대 교황으로 선출

* 교황청 경신성사성, 성직자성, 수도회성, 가정평의회, 라틴 아메리카 위원회 위원으로 활동하였음.

옮긴이 오민환

오민환은
서울 가톨릭대학교 신학과를 졸업하고,
독일 뮌스터대학에서 기초신학을 전공하였다.
현재 기쁨과희망사목연구원 연구실장으로 있으며,
신앙의 희망을 이성적으로 설명하면서
그리스도교 신앙의 사회적 책무에 대한 작업을
지속적으로 진행시키고 있다.